Vera King

Sozioanalyse

Zur Psychoanalyse des Sozialen mit Pierre Bourdieu

Folgende Titel sind u. a. in der Reihe »Psyche und Gesellschaft« erschienen:

Johann August Schülein: Gesellschaft und Subjektivität. Psychoanalytische Beiträge zur Soziologie. 2016.

Tobias Grave, Oliver Decker, Hannes Gießler, Christoph Türcke (Hg.): Opfer. Kritische Theorie und Psychoanalytische Praxis. 2017.

Felix Brauner: Mentalisieren und Fremdenfeindlichkeit. Psychoanalyse und Kritische Theorie im Paradigma der Intersubjektivität. 2018.

Ulrich Bahrke, Rolf Haubl, Tomas Plänkers (Hg.): Utopisches Denken – Destruktivität – Demokratiefähigkeit. 100 Jahre »Russische Oktoberrevolution«. 2018.

Bandy X. Lee (Hg.): Wie gefährlich ist Donald Trump? 27 Stellungnahmen aus Psychiatrie und Psychologie. 2018.

Sascha Klotzbücher: Lange Schatten der Kulturrevolution. Eine transgenerationale Sicht auf Politik und Emotion in der Volksrepublik China. 2019.

Oliver Decker, Christoph Türcke (Hg.): Ritual. Kritische Theorie und Psychoanalytische Praxis. 2019.

Oliver Decker, Christoph Türcke (Hg.): Autoritarismus. Kritische Theorie und Psychoanalytische Praxis. 2019.

Rolf Haubl, Hans-Jürgen Wirth (Hg.): Grenzerfahrungen. Migration, Flucht, Vertreibung und die deutschen Verhältnisse. 2019.

Caroline Fetscher: Das Paddock-Puzzle. Zur Psychologie der Amoktat von Las Vegas. 2021.

Johann August Schülein: Psychoanalyse als gesellschaftliche Institution. Soziologische Betrachtungen. 2021.

Steffen Elsner, Charlotte Höcker, Susan Winter, Oliver Decker, Christoph Türcke (Hg.): Enhancement. Kritische Theorie und Psychoanalytische Praxis. 2021. Florian Bossert: Viraler Angriff auf fragile Subjekte. Eine Psychoanalyse der Denkfähigkeit in der Pandemie. 2022.

Klaus Ottomeyer: Angst und Politik. Sozialpsychologische Betrachtungen zum Umgang mit Bedrohungen. 2022.

Carlo Strenger: Die Angst vor der Bedeutungslosigkeit. Das Leben in der globalisierten Welt sinnvoll gestalten. 2. Aufl. 2022.

Hans-Jürgen Wirth: Gefühle machen Politik. Populismus, Ressentiments und die Chancen der Verletzlichkeit. 2022.

Psyche und Gesellschaft

Herausgegeben von Johann August Schülein
und Hans-Jürgen Wirth

Vera King

Sozioanalyse
Zur Psychoanalyse des Sozialen mit Pierre Bourdieu

Psychosozial-Verlag

Bibliografische Information der Deutschen Nationalbibliothek
Die Deutsche Nationalbibliothek verzeichnet diese Publikation
in der Deutschen Nationalbibliografie; detaillierte bibliografische Daten
sind im Internet über http://dnb.d-nb.de abrufbar.

Originalausgabe

E-Mail: info@psychosozial-verlag.de
www.psychosozial-verlag.de

Umschlagabbildung: Rainer Drew-King, [o.T.], 2010
Foto Autorin: privat
Umschlaggestaltung & Innenlayout
nach Entwürfen von Hanspeter Ludwig, Wetzlar
Satz: metiTec-Software, www.me-ti.de
ISBN 978-3-8379-3233-1 (Print)
ISBN 978-3-8379-7916-9 (E-Book-PDF)

Inhalt

Einführung

In Bourdieus Verständnis von Soziologie als einer Wissenschaft, die gerade auch bestrebt ist oder sein soll, das »in der sozialen Welt Zensierte, Verdrängte aufzudecken« (SF[1], S. 22), und seinem entsprechenden methodologischen Konzept von Sozioanalyse zeigen sich vielfältige und grundlegende Bezüge zur Erkenntnisperspektive der Psychoanalyse. Dazu finden sich in seinem Werk teils explizite Positionierungen und Erläuterungen, teils knappere Verweise oder Anspielungen. Korrespondenzen und methodische Verbindungen von Sozio- und Psychoanalyse werden durch die Art der Analyse indiziert oder auch durch seinen Gebrauch einschlägiger Begriffe nahegelegt. Vor allem aber sind sie in seiner übergreifenden Auffassung der Ziele, Möglichkeiten und Aufgaben einer Wissenschaft vom Sozialen enthalten. Vereinfachend auf den Punkt gebracht, kommen dabei zwei Anschlüsse oder Perspektivierungen zum Ausdruck: zum einen nämlich die Ausrichtung auf eine genealogische Rekonstruktion und Durchdringung der Phänomene, die, anknüpfend insbesondere an Durkheim, davon ausgeht, dass das, was sich in der sozialen Praxis zeigt, in hohem Maße das jeweilige Gewordensein, seine Geschichte und die latenten Funktionen und Bedeutungen – jenseits der manifesten Ausdrucksformen, Zuschreibungen oder des bewussten Selbstverständnisses – in sich birgt oder strukturell *ver*birgt; zum zweiten, anknüpfend an Freud, die Einsicht, dass dieses Verborgene zu erheblichen Teilen nicht ohne eine reflexive Analyse der Widerstände, der Zensur und Mechanismen der Verdrän-

1 Im Literaturverzeichnis findet sich eine Liste von Abkürzungen zu den Monographien und Anthologien Bourdieus, die in diesem Buch zitiert werden.

gung aufzudecken ist, wie sie mit der Geschichte und den praktischen Bedeutungen dieses Gewordenseins selbst verknüpft sind.

Ausführungen, in denen sich Bourdieu disziplinär und wissenschaftstheoretisch systematischer auf Psychoanalyse und die psychoanalytischen Konzeptionen unbewusster Dynamiken bezieht, fallen zugleich – gemessen an der offenkundigen methodologischen Affinität und Ausrichtung der soziologischen Analyse sowie der Vielzahl eingestreuter Verweise und Konzepte psychoanalytischer Provenienz – im Vergleich zu den oft streitbar gehaltenen Auseinandersetzungen mit anderen Fächern wie etwa Ökonomie, Philosophie, Geschichtswissenschaften oder differenten soziologischen Ansätzen in Form und Ton zurückhaltender aus (siehe dazu auch Darmon, 2016).

Dieser Umstand sowie Bourdieus Insistieren darauf, auch die Subjektgenese und -perspektive konsequent gesellschaftsanalytisch zu rahmen, und seine entsprechend dezidierten Einwände gegen jegliche Form von Subjektivismus oder von Psychologisierung gesellschaftlicher Fragen – bei wiederum gleichzeitigem, durchgängigem und eher zunehmendem, mehr oder minder explizitem methodologischem Rekurs auf Psychoanalyse – wurde mitunter auch als Ausdruck von Ambiguität im Verhältnis seiner Soziologie zur Psychoanalyse oder metaphorisch als eine Art »Pas de deux« gedeutet (ebd.), wobei die psychoanalytischen Konzepte »soziologisiert« (ebd., S. 111) würden. Die Metapher eines solchen Tanzes besticht zwar durchaus in mancherlei Hinsicht. Doch wie im Folgenden genauer ausgeführt wird, erschöpft sich die Bedeutung der Psychoanalyse für Bourdieus Sozioanalyse weder in Ambiguitäten noch in einer soziologischen Wendung oder Anwendung von einzelnen psychoanalytischen Konzepten. Vielmehr wird übergreifend deutlich, dass die psychoanalytische Epistemologie und Methodologie in einem konstitutiven Sinne fruchtbar gemacht wird für soziologische Untersuchungen, für Reflexivität und die systematische Selbstaufklärung des soziologischen Blicks. Und auch wenn Bourdieu beispielsweise immer wieder vom gesellschaftlichen oder historischen Unbewussten spricht: Leitend ist auch nicht einfach eine simple, methodologisch schwer begründbare Übertragung des psychoanalytischen Konzepts des *individuell* Unbewussten auf die Gesellschaft, sondern

- die Annahme und Erfahrung, dass nicht-bewusste Mechanismen und Verdrängtes auch kollektiv umso nachhaltigere Folgen haben können und diese sich
- nicht durch schlichtes Wahrnehmen und identifizierendes Aufdecken auflösen ließen, sondern allenfalls im Zuge eines Zugangs zu den unbewussten Mechanismen der Ausblendung und Zensur, eines Durcharbeitens der Hindernisse und Motive der »Abwehr von Erkenntnis« (P. Bourdieu & M. C. Bourdieu, 2015, S. 878).

Diese Einsichten werden in entsprechenden wissenschaftstheoretischen Reflexionen und Konzeptionen akzentuiert und über die Zeit für verschiedene Felder konturiert und vertieft. Während Bourdieu, Chamboredon und Passeron dabei in *Soziologie als Beruf* noch vom »Prinzip der Nicht-Bewusstheit« im Sinne von Durkheim sprechen, um sich von einem »Vokabular des Unbewussten« abzugrenzen, das »ein methodologisches Postulat in eine anthropologische These umwandelt« (SaB, S. 18f.; siehe auch ebd., Anm. 28), benutzt Bourdieu in darauf folgenden und späteren Schriften die Begriffe »Unbewusstheit«, »Unbewusstes« – als Substantiv und Adjektiv oder Adverb – häufig und selbstverständlich. Entsprechende Bezüge werden umso prägnanter formuliert, je deutlicher und umfassender das Verständnis der verschiedenen Dynamiken des *Widerstands* (im psychoanalytischen Sinne) gegen als notwendig erachtete Veränderung und Aufklärung ins Blickfeld rückte, so etwa auch bezogen auf die Sozialwissenschaften selbst:

> »Einer der Gründe, warum die Sozialwissenschaften so schwer zu verändern sind und Fortschritt in ihnen so schwer zu bewerkstelligen ist, hängt damit zusammen, daß die wissenschaftlichen theoretischen Schemata mit den praktischen Schemata des gesellschaftlichen Unbewußten so eng verwachsen sind […]« (MSR, S. 409).

Bezüge zum psychoanalytischen Verständnis der Dynamiken des Unbewussten sowie zum schwierigen »Akt des Aufdeckens« (RdK, S. 20) in seiner ganzen Komplexität und potenziellen Paradoxie finden sich auch – umso instruktiver mit Blick auf die kulturelle Bedeutung der

Kunst als einem Feld, in dem Unbewusstheit zugleich zum Ausdruck gebracht und potenziell transzendiert wird – in den verschiedenen Varianten der »Analyse des künstlerischen Werks« (ebd.). Es zeigt sich, wenn er etwa exemplarisch »mit Flaubert als Sozioanalytiker Flauberts [...] in eine Sozioanalyse Flauberts und der Literatur einzuführen« bestrebt ist (ebd.). Bourdieu beschreibt dabei minutiös, in welcher Weise das geschaffene Werk seine Deutung erzeugt und in sich birgt, davon ausgehend, dass die künstlerische Arbeit des Schriftstellers »an der Form genau das ist, was die partielle Anamnese tiefsitzender und verdrängter Strukturen ermöglicht« (ebd.). Eine Analyse der verschiedenen Bedeutungen von Unbewusstem und Unbewusstheit, die Bourdieu im Verhältnis von Schaffensprozess, Werk und Rezeption zugrunde legt, bieten auch die eindrucksvollen Vorlesungen zu *Manet. Eine symbolische Revolution* (siehe MSR, z. B. S. 62, S. 85; P. Bourdieu & M. C. Bourdieu, 2015, S. 816).[2]

Darüber hinaus werden in einigen Schriften, wie noch genauer auszuführen ist, konzeptuelle Verbindungslinien und Konvergenzen zwischen Soziologie und Psychoanalyse expliziter dargelegt auch hinsichtlich des Verhältnisses von Habitus und Psychischem oder unbewusster sozialisatorischer Dynamiken. Als besonders markant für Bourdieus Positionierungen im Verhältnis zu Psychoanalyse gelten etwa die Schriften *Meditationen*, das Kapitel »Widersprüche des Erbes« in *Das Elend der Welt* oder die Äußerungen im Dialog *Avant-Propos dialogué* mit Maître (Maître & Bourdieu, 1994). Aber wie sich zeigen wird, gehen die Bedeutung der Psychoanalyse ebenso wie deren implizite oder explizite Thematisierung weit über diese einzelnen Schriften hinaus, nicht zuletzt auch mit Blick auf wesentliche Argumentationslinien zur Erläuterung des zentralen Konzepts der Reflexivität in *Reflexive Anthropologie*.

Durchgängig ging es Bourdieu dabei offenkundig nicht um eine Verknüpfung von Psychoanalyse und Soziologie im Sinne einer Art

---

2 Bourdieu nimmt, kritisch abgrenzend, aber auch wertschätzend, u. a. Bezug auf Foucaults langjährige Beschäftigung mit Manet und dessen Vortrag in Tunis 1971 (Foucault, 1999; MSR, S. 176; Charle, 2015, S. 632).

Großtheorie, sondern – in Kategorien der Dialektik formuliert – um die Betonung der Einheit im Gegensatz, um die Möglichkeit, die Erkenntnisse beider auf unterschiedlichen Ebenen der Analyse zu verbinden, ohne sie schlicht ineinander aufzulösen. Für verschiedene Themen betont er die Erfordernis, ihre »Anstrengungen zu vereinen«.[3] Diese Schlussfolgerung ergibt sich aus vielen einzelnen Argumentationsfiguren, die teils in diesem Band exemplarisch aufgeführt werden, und aus der Gesamtbetrachtung der Entwicklung seines Werks.

Erstaunlich erscheint im Lichte dessen, dass die Art und Weise, in der Bourdieu auf psychoanalytische Epistemologie und Konzepte sowie auf Begriffe des Unbewussten rekurriert, in der disziplinären und interdisziplinären Rezeption – jedenfalls gemessen an der international außerordentlich breiten und intensiven Diskussion seines Werks – zwar teils dezidiert und über die Zeit zunehmend (siehe dazu z. B. die Beiträge der *Sociological Review* und Bezüge in Silva, 2016a, b; Aarseth, 2016; Aarseth, Layton & Bjerrum Nielsen, 2016; Darmon, 2016; Friedman, 2016), aber insgesamt doch vergleichsweise weniger Aufmerksamkeit erfahren hat. Dabei bieten seine Methodologie und theoretischen Perspektiven fruchtbare Ansatzpunkte, um die Konzeptionen von Gesellschaft und Individuum, Kultur und Psyche, neu zu denken und in Beziehung zu setzen.

Weiter ausdifferenzierte Verbindungen von Sozioanalyse, wie Bourdieu sie vorschlägt, und Psychoanalyse können es ermöglichen, erhellende Zugänge zu jenen Dispositionen und Praxisfiguren zu finden, die gesellschaftlich und individuell nicht bewusst, die strukturell, habituell oder im dynamischen Sinne unbewusst, aber genau dadurch umso wirksamer sind. Um die Verknüpfungen zwischen dem gesellschaftlich und individuell nicht-zugänglichen Ausgeblendeten auszuloten, gilt es im Besonderen – so die erwähnte basale Einsicht der Sozioanalyse und der Psychoanalyse – zunächst gerade über die Analyse auch der systematischen, je nach Gegenstand variierenden Hindernisse und Widerstände

3 Siehe dazu die Formulierung in *Méditations pascaliennes*, wonach Soziologie und Psychoanalyse »devraient unir leurs efforts« (1997, S. 199), in der deutschen Fassung übersetzt mit »sollten sich zusammentun« (M, S. 212).

gegen Erkenntnis neue Einsichten zu gewinnen, die der Komplexität der Zusammenhänge gerecht werden können.

Nicht zuletzt lassen sich insofern über Bourdieus Verständnis von Reflexivität theoretische und methodologische Schlussfolgerungen zu Entsprechungen und Vermittlungsebenen zwischen Sozio- und Psychoanalyse herausarbeiten. Dem soll in diesem Band – methodologisch und konzeptionell – nachgegangen werden. Dazu wird überdies exemplarisch, anhand ausgewählter Beispiele aus Forschungen zu sozialer Mobilität und Bildungsaufstieg, veranschaulicht, wie soziale und psychische Dynamiken ineinandergreifen können – nicht nur, weil soziale Mobilität oder Immobilität, die Reproduktion sozialer Ungleichheiten auch im Bildungssystem oder im akademischen Betrieb, in Bourdieus Forschungen zentrale Gegenstandsbereiche waren. Hinzu kommt, dass die Spannung von äußerer und innerer Mobilität, wie man sagen könnte, dabei auch Anlass war für eine stete Auseinandersetzung mit den Bedingungen und Folgen des eigenen Gewordenseins und somit auch ein Ausgang für das Verständnis der Bedeutung des Psychischen. Diese Spannung repräsentierte eine Quelle für die permanente reflexive Arbeit an der Desillusionierung[4] als einer Kernaufgabe der Sozialwissenschaften sowie der Analyse des Sozialen und Psychischen im weiteren Sinne. Der Band schließt daran anknüpfend mit Überlegungen zur Bedeutung differenzierter Verbindungen von Sozioanalyse und Psychoanalyse sowie der Reflexivität für die zeitgenössische Forschung.

Ein praktischer Hintergrund für diesen Band ist, dass die Auseinandersetzung mit den vielschichtigen Relationen von Gesellschaft und Psyche eine kontinuierliche Reflexion der methodologischen Fragen erfordert. Diese bildeten zugleich Ausgangspunkte für die hier vorgenommene

4 Siehe dazu Bourdieus wiederholte Bezugnahme auf die Desillusionierung, die die Einsicht in die Wirkmächtigkeit des Unbewussten bedeute, etwa im Band *Reflexive Anthropologie* oder in *Meditationen*, sowie seine Anknüpfungen an Pascal oder an Wittgenstein, der ebenfalls als philosophische »Hauptaufgabe die Zerstörung von Illusionen«, auch derjenigen im wissenschaftlichen Denken selbst, erachtet habe (M, S. 7).

Überarbeitung und Erweiterung eines Beitrags zu Bourdieus Konzept der Sozioanalyse und seiner Art der Bezugnahme auf Psychoanalyse, der 2014 in der Zeitschrift *Sozialer Sinn* erschienen ist (siehe King, 2014). Er ist zudem ergänzt um Fallvignetten, die aus einer früheren, in Aufsätzen publizierten Studie über soziale Mobilität und Bildungsaufstieg stammen und in der der Bezug zu Bourdieus Perspektiven ebenfalls von zentraler Bedeutung war.

Auf laufende sozialpsychologische Forschungen und Kooperationsprojekte etwa zu Folgen der Digitalisierung, zu veränderten Zeit- und Optimierungslogiken, zu gegenwärtigen Dynamiken des Autoritarismus auch im Kontext gesellschaftlicher Krisen wird im Band mit verwiesen. In diesen Forschungszusammenhängen ist der produktive Austausch mit Kolleginnen und Kollegen, Mitarbeiterinnen, Mitarbeitern und Studierenden von unschätzbarer Bedeutung. Ihnen allen möchte ich hiermit danken. Mit Blick auf eine 2022 neu aufgenommene Veranstaltungsreihe zu »Sozioanalyse und Psychoanalyse« danke ich zudem allen Beteiligten – und für die gemeinsame inhaltliche Organisation seitens IPU Berlin, KKC Bochum und Sigmund-Freud-Institut Frankfurt ganz besonders Benigna Gerisch, Birgit Stürmer, Jürgen Straub, Pradeep Chakkarath und Heinz Weiß – für die inspirierende Zusammenarbeit.

Bernd Schwibs, Übersetzer zahlreicher Werke Bourdieus, danke ich für wertvolle Anregungen. Für Ermunterung und Unterstützung danke ich Hans-Jürgen Wirth und dem Psychosozial-Verlag, insbesondere Simon Scharf für das präzise Lektorat, sowie Sonja Helfmann vom SFI für die Mitarbeit bei den Korrekturen. Nicht nur für das freundliche Überlassen des Bildes für das Cover danke ich von Herzen Rainer Drew-King.

1 Zur Analyse von Gesellschaft und Psyche – methodologische Herausforderungen und konzeptionelle Perspektiven

Eine systematische und mit Blick auf die Wandlungen des Gegenstands immer wieder neu zu leistende methodologische und konzeptionelle Reflexion der Gemeinsamkeiten, Differenzen und möglichen Verbindungen von Soziologie und Psychoanalyse ist notwendig, um die Relationen zwischen Gesellschaft und Psyche erhellen zu können. Und es geht dabei um vielschichtige, komplexe, zugleich häufig vereinfachte Zusammenhänge: Welche Folgen haben gesellschaftliche Bedingungen und Verhältnisse für die psychische Entwicklung und Konstitution von Subjektivität? Wie lassen sich nicht nur die Reproduktion des Sozialen, sondern auch kulturelle und individuelle Transformation, habituelle und psychische Veränderung fassen? Wie können die Wechselwirkungen zwischen gesellschaftlichen, kulturellen und psychischen Dynamiken, Verarbeitungsweisen und Abwehrmustern konzipiert werden? Wie wirken Institution oder soziales Feld einerseits und Dispositionen oder »Libido und *Illusio*« im Bourdieu'schen Sinne (M, S. 210ff.) auf der anderen Seite aufeinander ein?

Dies sind zum einen klassische und fortlaufend zu aktualisierende Fragen zu den Prozessen und Logiken von Sozialisation und Vergesellschaftung. Zum anderen ist diese Analyserichtung umso bedeutsamer für Forschungen, die sich damit befassen, auf welchen psychischen Prozessen und Mechanismen jeweils Anpassung, Unterordnung oder Selbstbehauptung beruhen, unter welchen gesellschaftlichen Voraussetzungen im psychosozialen und psychischen Sinne eher Heteronomie oder Individuation begünstigt werden. Nicht zuletzt geht es um Antworten auf das »Rätsel«, wie es kommt, dass die Subjekte, so ein klassischer Untersuchungsgegenstand der verschiedenen kritischen Theorien, der

Demokratietheorien und insbesondere der Autoritarismus-Forschung, teils sogar Verhältnissen explizit zustimmen, die ihnen schaden (Adorno et al., 1950)[5]. Besonders erklärungsbedürftig sind aus dieser Sicht »die freiwillige Fügsamkeit und Unterwerfung« (Fromm, 1989 [1936], S. 147f.) oder auch, so Bourdieus Perspektive, »die praktische Anerkennung, durch die die Beherrschten oft unwissentlich und manchmal unwillentlich zu ihrer eigenen Beherrschung beitragen« (M, S. 217).

Auch um solchen Wirkmechanismen auf die Spur zu kommen, ist weiterhin grundlegend zu berücksichtigen, dass das, was Subjektivität konstituiert, nicht identisch ist mit dem, was Subjekte über sich selbst denken und meinen. Aus diesen Einsichten heraus entwickelten sich Methodologien rekonstruktiver Sozialforschung mit unterschiedlichen Schulen, Zugängen oder Hermeneutiken, aber auch mit wichtigen Konvergenzen, vor allem bezogen auf den Umstand, dass Subjektivität und ihre Bedingungsmomente nicht einfach nur erfragt werden können, sondern methodisch rekonstruiert werden müssen. Denn nicht nur in einem abstrakten oder allgemeinen Sinne realisieren sich die gesellschaftlichen Verhältnisse in vielerlei Hinsichten »hinter dem Rücken« der Subjekte, sondern sie konkretisieren sich auch in lebensgeschichtlichen Mustern, die nur bedingt bewusst und intentional gesteuert sind. Dies lässt sich sozialtheoretisch unterschiedlich fassen: als wirksame soziale Tatsachen, als Eigenlogik der Systeme, als prägende Strukturen und Sinnzusammenhänge, als historische sedimentierte Genealogie von kultureller Praxis. In jedem Fall sind die folgenreichen sozialen und lebensgeschichtlichen Bedingungen nicht ohne Weiteres verfügbar und von den Handelnden zu durchschauen, ohne dass dieser Umstand für die Konzeption der Relationen von Gesellschaft und Individuum oder methodologisch immer auch ausreichend berücksichtigt würde. Für Bourdieus Werk wiederum kann von einer zentralen soziologischen Prämisse gesprochen werden, wenn er sich zum einen gegen jede Form von »Objektivismus« wendet, der seine eigenen sozialen Wurzeln aus-

---

5 Siehe dazu Ziege (2019) und Schmid Noerr (2017), sowie die empirischen und konzeptionellen Perspektiven bei King (2021a), King et al. (2018; 2021a) und King & Sutterlüty (2021).

klammert, aber zum andern auch in zahllosen Variationen festhält, dass die »Handelnden nie ganz genau wissen, was sie tun«, sodass »ihr Tun mehr Sinn [hat], als sie selber wissen« (SoSi, S. 127). Darüber hinaus sind Individuen biografisch in ihrer psychischen Entwicklung von spezifischen Motivlagen geprägt, die nur zum Teil bewusst verfügbar sind, wie insbesondere die Psychoanalyse systematisch darlegt. Im psychischen oder psychodynamischen Sinne Unbewusstes verknüpft sich, wie man sagen könnte, mit sozial und kulturell bedingter Nicht-Bewusstheit oder Unbewusstheit.

Die Bezeichnungen »Nicht-Bewusstes« oder »Nicht-Bewusstheit« werden hierbei deskriptiv als Oberbegriff gewählt, um darunter verschiedene Qualitäten, Formen und Funktionen von Unbewusstem oder Unbewusstheit fassen zu können (siehe dazu insbesondere »Varianten des Nicht-Bewussten – Konzepte des Unbewussten« in Kap. 2 in diesem Band), also sowohl dynamisch Verdrängtes als auch implizites Wissen (etwa im Sinne von Polanyi, 1985) oder latent wirksame Mechanismen und habitualisierte Praktiken. So ist auch gegenstandsspezifisch jeweils zu prüfen, um welche Varianten und Formen von gesellschaftlicher und individueller Nicht-Bewusstheit und von Unbewusstem es sich dabei in Hinblick auf die Genese und die Dynamik sowie die Qualität und Intensität von Widerständen und Abwehrformen handelt. Es geht hier also um äußerst komplexe Zusammenhänge, die zudem für jede »Aggregatsebene« des Sozialen und Psychischen immer wieder neu bestimmt werden müssen. Und eine der schwierigsten Herausforderungen ist es, zu eruieren, wie gesellschaftlich und individuell Nicht-Bewusstes oder Unbewusstes zueinander im Verhältnis stehen, welche theoretischen und methodischen Zugänge es zu diesen Zusammenhängen geben kann. Gilt es doch zugleich, stets zu berücksichtigen, dass Individuen zwar gesellschaftlich geprägt sind, Psychisches jedoch zugleich einer »eigensinnigen« Logik unterliegt. Sozialer Wandel ist beispielsweise nicht eindimensional auf Psychisches übertragbar. Es bedarf vielmehr differenzierter Konzeptionen und empirischer Zugänge zu Vermittlungsebenen – wie etwa familialen oder intergenerationalen –, zu psychischen Verarbeitungsformen auch im Kontext von Gegenwartsdiagnosen.

Diese Differenzierungen vorausgesetzt – wie erwähnt, eine Einsicht in unterschiedlichen theoretischen Richtungen –, heißt dies zugleich: Soziologische Analysen, zumal Handlungs- und Subjekttheorien, bleiben teils unvollständig und verzerrend, wenn sie diese Dimension des aus systematischen Gründen Nicht-Transparenten, Nicht-Bewussten oder der latenten Sinnebenen von Handeln nicht in irgendeiner Weise mit einbeziehen. Auch dazu finden sich zahlreiche Anschlussstellen. Eine der klassischen Fragen der Soziologie ist diejenige – um eine weitere Theoretisierungsform zu nennen –, wie die Individuen soziale Strukturen, Regeln oder Normen internalisieren oder transformieren. Dass Gesellschaftstheorie dazu einer avancierten Psychologie bedürfe, betonte etwa Talcott Parsons:

> »Die Psychoanalyse ist meines Erachtens die erste und bis jetzt einzige theoretische Analyse der menschlichen Persönlichkeit, die als ein System von vergleichbarem Niveau unmittelbar mit der soziologischen Theorie [...] der Funktionsweise geordneter Modelle innerhalb des Systems menschlicher sozialer Beziehungen in Verbindung gebracht werden kann« (Parsons, 1972, S. 96).

Parsons sah die Notwendigkeit, eine soziologische Perspektive zu ermöglichen, die, anders als etwa utilitaristische oder viele andere Handlungstheorien, nicht die Rationalität von Handeln überschätzt (Schülein, 2016), sondern die latenten unsichtbaren Dimensionen des Sozialen und Psychischen berücksichtigt. Besonders interessierte ihn zudem die Genese von Motivstrukturen, wie etwa individuelle Bestimmungsgründe für soziale Teilhabe entstehen, wie Akteurinnen und Akteure sich beispielsweise mit sozialen und beruflichen Rollen, Positionen und Aufgaben identifizieren (King & Schmid Noerr, 2020). Parsons (1950) übernahm dafür auch Freuds Formulierung der »Objektbesetzung« *(cathexis)*, da er die »Genese und Formatierung psychischer Energie für das soziale System« (Schülein, 2016, S. 182) genauer untersuchen wollte. Ähnlich erkundete später Bourdieu, auch mit Blick auf die Habitualisierung von Motiven und die affektiven libidinösen Grundlagen der Entwicklung von Dispositionen, die »Genese der Besetzung eines

Feldes sozialer Beziehungen«, wie sie sich zunächst für das Kind und vorwiegend im »Raum der Familie« vollzieht und dann »zum Paradigma und Prinzip seiner Besetzung des sozialen Spiels wird«, getragen insbesondere von der *»Suche nach Anerkennung«* (Bourdieu, 2001, S. 212). In seinem Konzept der Habitusbildung hat Bourdieu dann, teils ebenfalls in Bezugnahme auf psychoanalytische Perspektiven, wie noch genauer ausgeführt wird, sozialisatorische Dynamiken auch mit Blick auf Prozesse der Konstitution von Subjektivität gefasst. Über die Frage nach der Genese von sozialen Motiven und Handlungsorientierungen hinaus ging es Bourdieu im Rekurs auf die Psychoanalyse allerdings, wie betont wurde, noch um andere, methodologische und epistemologische Aspekte. Im Besonderen lag ihm auch daran, für unterschiedliche Gegenstandsbereiche sozioanalytisch das in gesellschaftlichen Machtverhältnissen aus dem Bewusstsein Ausgeschlossene herauszuarbeiten.

So steht zwar im Zentrum von Bourdieus Werk zunächst einmal die Analyse des Gesellschaftlichen. Und für Subjektivität, für die Dynamik des Psychischen, interessiert er sich als Soziologe – einerseits – nur insoweit, als er die gesellschaftlichen Prägungen des Erlebens, Fühlens und Denkens der Akteure und Akteurinnen akzentuiert. Andererseits ist ihm in hohem Maße daran gelegen, zu betonen, dass sich Soziales in individuelle Handlungsweisen und Vorstellungen, Vorlieben und Empfindungen transformiert und dass die Logik des Sozialen gerade darüber »unwillkürlich« und folgenreich wirksam wird. Menschen handeln und deuten ihre Wirklichkeiten, so Bourdieus Annahme, im weitesten Sinne nach Gesichtspunkten und verinnerlichten Schemata, die aus den gesellschaftlichen Bedingungen ihrer Lebenspraxis und ihres Gewordenseins resultieren. Auch dort, wo sie sich selbst als autonome Subjekte sehen, sind demzufolge ihre Handlungsweisen geprägt und in ihren Wandlungspotenzialen begrenzt durch die gesellschaftliche und, im Besonderen, etwa klassen-, geschlechts-, feldspezifische Genese jener Schemata, anhand derer sie die soziale Welt beurteilen, handhaben oder auch verändern wollen.

Insbesondere die damit verbundene Dekonstruktion der Idee vom seiner selbst bewussten, autonomen Subjekt sowie die soziologische Aufklärung und Selbstaufklärung über die Illusion autonomer Erkenntnis hat Bourdieu auch als »Sozioanalyse« und, in seiner Studie *Die feinen Unterschiede*, dezidiert als »Psychoanalyse des Sozialen« (FU, S. 31) bezeichnet. Doch nicht nur in dieser Studie lassen sich in Bourdieus epistemologischer Ausrichtung deutliche Bezüge und Analogien zur Erkenntnisperspektive der Psychoanalyse aufzeigen, die ebenfalls die Idee des autonomen Subjekts und seiner Erkenntnisfähigkeiten als Illusion markiert (Küchenhoff & Warsitz, 2015). Auch zur Beschreibung der Wirkungsweisen des Habitus hat Bourdieu immer wieder, wenngleich oft unsystematisch, auf psychoanalytische Konzepte rekurriert. Um die theoretische Konzeption des Verhältnisses von Sozialem, Individuellem und Psychischem weiter auszudifferenzieren, werden im Folgenden vor allem *drei Linien* dargestellt:

- *Erstens* geht es um Bourdieus *Erkenntnisinteresse*, durch soziologische Analyse das in gesellschaftlichen (Macht-)Verhältnissen aus dem Bewusstsein Ausgeschlossene, das in der sozialen Welt Verdrängte sowie damit verbundene blinde Flecken in soziologischer Theoriebildung aufzudecken.
- *Zweitens* werden Potenziale und Grenzen der *Konzeption sozialisatorischer Prozesse* erörtert, die Bourdieu über das Konzept der *Habitusbildung* formuliert. Mit dem Begriff des Habitus wird akzentuiert, dass Individuen in ihrem Gewordensein, ihrem Wünschen und Wollen, Handeln, Wahrnehmen und Denken bis hin zu Körpererleben und -ausdruck von gesellschaftlichen Bedingungen und Strukturen geprägt sind. Im Konzept des Habitus als »Produkt der gesamten biographischen Erfahrung«[6] wird somit die Präsenz des Vergangenen festgehalten, wobei die Wirkmächtigkeit der inkorporierten Erfahrung insbesondere aus ihrer »Nicht-Bewusstheit« resultiert. Über Habitualisierung vollzieht sich daher auch unwillkürliche, überwiegend nicht-bewusste Anpassung an Machtverhältnisse. Kritisiert wird am Habituskonzept häufig das

6 »La conception freudienne de la permanence du passé dans la vie psychique rejoint la définition que donne Pierre Bourdieu de l'habitus comme produit de toute l'expérience biographique« (de Gaulejac, 2008, S. 2, Übersetzung V.K.).

als allzu schematisch angesehene Verständnis von Interiorisierung äußerer Erfahrung; in diesem Band sollen Ansätze für eine genauere Untersuchung dieser psychischen Prozesse aufgezeigt werden.

- *Drittens* werden Bourdieus wissenschaftstheoretische Sichtweisen und sein Verständnis der Bedingungen der Erkenntnis des Sozialen – im Besonderen das Konzept der *Reflexivität* – ins Zentrum gerückt. Analog zur Psychoanalyse wird als *Bedingung für* Erkenntnis die Auseinandersetzung mit den *Widerständen gegen* Erkenntnis formuliert.

Alle drei Linien verbinden sich in dem durchgängigen epistemologischen Motiv, sowohl das handelnde als auch das erkennende Subjekt selbst einer »Objektivierung« zu unterziehen, indem die soziale Bedingtheit von Handeln und Urteilen einbezogen wird. Besonderes Augenmerk wird übergreifend auf der Frage liegen, welche Arten von expliziten oder impliziten Verknüpfungen und methodischen Entsprechungen sich im Verhältnis von Sozio- und Psychoanalyse finden und welche Schlussfolgerungen in theoretischer und methodologischer Hinsicht daraus gezogen werden können.

2 Zentrale Erkenntnisinteressen – Soziologie als Wissenschaft vom »Verborgenen«

»Die Sozialwissenschaft stolperte und stolpert noch immer über das Problem von Individuum und Gesellschaft. In Wirklichkeit haben sich, so sehe ich es, die Unterteilungen der Sozialwissenschaft in Psychologie, Sozialpsychologie und Soziologie ausgehend von einem ursprünglichen Denkfehler gebildet«. Demgegenüber ginge es darum zu erkennen, dass »Gesellschaft aus zwei voneinander nicht zu trennenden Formen besteht: einerseits den Institutionen, [...] andererseits den erworbenen Dispositionen [...], die sich im Körper niederschlagen (das, was ich Habitus nenne)« (SF, S. 28). Pierre Bourdieu hat sich häufig kritisch über die konventionellen Aufteilungen der für das Verständnis der sozialen Welt bedeutsamen Disziplinen geäußert. Tatsächlich wird sein Werk nicht nur in der Soziologie, in Ethnologie, Politikwissenschaften und Sozialphilosophie, sondern auch in angrenzenden Disziplinen international breit rezipiert, etwa in den Erziehungs- oder Bildungswissenschaften, in der historischen Forschung oder in den Kultur- und Literaturwissenschaften. Weniger ausgeprägt, wenngleich auch hier Einflüsse zu verzeichnen sind, ist die Rezeption in der Psychologie.

Bourdieu wird vielfach als ein Sozialwissenschaftler wahrgenommen, der sich vor allem mit den Prozessen der Vergesellschaftung befasste und nicht zentral oder systematisch mit Psychischem. So war sein Blick auf Subjektivität in der Tat stark von dem Interesse gekennzeichnet, die Unangemessenheit »subjektivistischer« Sichtweisen aufzuzeigen. Zugleich hat er jedoch auf seine spezifische Weise sehr intensiv um ein Verständnis der Vergesellschaftung von Subjektivität gerungen. Es ging ihm darum, angemessene Konzepte und Erkenntniswerkzeuge zu entwickeln, die der Art und Weise auf die Spur kommen, in der das Wahrnehmen und Erleben, Denken und Tun von Individuen oder Gruppen gesellschaftlich geformt und insbesondere auch in sozial ungleiche Verhältnisse eingepasst werden – ohne dass sich die Handelnden dessen bewusst wären. Er verwies, in unterschiedlichen Varianten über sein Werk verstreut, immer wieder auf analoge Erkenntnisperspektiven, Verbindungen oder Ergänzungspotenziale im Verhältnis zur Psychoanalyse – die er zugleich vor allem dort kritisierte, wo sie ihm subjektivistisch oder ahistorisch erschien.

Wie eingangs angedeutet, lässt sich die Korrespondenz zwischen der – auf die Dynamik des Gesellschaftlichen bezogenen – Sozioanalyse einerseits und der Psychoanalyse – und ihren epistemologischen Implikationen – andererseits auf zwei grundlegende, von Bourdieu vertretene Einsichten beziehen: Die Vorstellung autonomer sozialer Akteurinnen und Akteure ebenso wie diejenige einer autonomen Erkenntnis werden als Illusionen dekonstruiert.

In diesem Sinne verweist Bourdieu zum einen auf unbewusste Dimensionen der sozialen Realität, auf das *sozial* Ausgeblendete oder systematisch Verleugnete,[7] zum anderen betont er, dass soziologisches Erkennen auf das Aufdecken und Aufklären dieser Mechanismen der Verhüllung und Unbewusstmachung abzielen sollte. Diese Aufklärung wiederum müsse, soweit möglich, auf einer sozialwissenschaftlichen »Selbstanalyse« des Erkenntnissubjekts basieren, also auf der Analyse derjenigen Hindernisse, die das Subjekt der Erkenntnis am Erkennen hindern. Immer wieder klagt Bourdieu das epistemologische *Primat der Reflexivität* ein: dass es bei einer soziologischen Analyse insbesondere eben gerade darum gehe, das in der sozialen Welt aus dem Bewusstsein und aus dem Selbstverständnis Ausgeschlossene »aufzudecken« (ebd., S. 22).[8]

7 Dazu gehören beispielsweise auch Mechanismen der Externalisierung auf unterschiedlichen Ebenen des Sozialen und Psychischen (siehe Lessenich, 2016).

8 Über die historische Forschung merkt Bourdieu in dieser Hinsicht an: »Eine verdrängte, nicht analysierte Gegenwart kehrt im Unbewußten des Forschers wieder und kann seine Untersuchungsschritte, seine Hypothesen, seine Gesamtsicht des Problems usw. entscheidend beeinflussen« (MSR, S. 28).

Zugespitzt heißt das: Was die Psychoanalyse für die Binnenlogik der Subjektivität vertritt, die Dekonstruktion des autonomen Subjekts und das Gewinnen von Erkenntnis im Durchgang durch eine Analyse der Widerstände und Abwehr von Erkenntnis, vertritt Bourdieu für die Logik soziologischer Erkenntnis, scheint er gleichsam auf diese übertragen zu haben. Er verweist in einem Interview von 1980, auf Deutsch erschienen unter dem Titel »Eine störende und verstörende Wissenschaft«, in *Soziologische Fragen* auf Bachelards Formulierung: »Wissenschaft gibt es nur vom Verborgenen« (SF, S. 22).

Für Freud standen die Erforschung der intrapsychischen Dynamik und die (Selbst-)Aufklärung über unbewusste psychische Prozesse im Mittelpunkt; für Bourdieu geht es um die Dynamik des Gesellschaftlichen und um (Selbst-)Aufklärung über das sozial Verdrängte. In epistemologischer Hinsicht entspricht die Perspektive des Aufklärers Freud derjenigen Bourdieus – nämlich die Voraussetzungen für eine, in einem Fall psychologische, im anderen Fall soziologische Selbstaufklärung herzustellen (siehe dazu auch King, 2022a). Dabei interessieren ihn – vor allem auch mit Blick auf seine herrschaftssoziologische Ausrichtung – die *historischen* und *gesellschaftlichen* Zusammenhänge und Formen der Unbewusstmachung, die *sozialen* Bedingtheiten der individuellen Akte des Ausblendens, Verleugnens oder der Illusionsbildung.[9] Für ihre Beschreibung bedient er sich auch psychoanalytischer Begriff-

9 Mit der an Bachelard oder auch an Canguilhem anknüpfenden Metaphorik, Soziologie als Wissenschaft vom »Verborgenen« zu fassen, ist überdies eine Perspektivierung von Kritik angesprochen (Fassin, 2019; Hark, 2009). Basis der Kritik ist in diesem Sinne die stete wissenschaftsgeschichtliche Reflexion von Kategorien, Methoden und Diskursen, aber auch die soziologische Aufklärung über latente Mechanismen der Reproduktion von Machtverhältnissen oder über unterschwellig wirksame Selbsttäuschungen, Ideologie- und Illusionsbildungen. Wie eingangs angedeutet, ist ein klassischer und zugleich in der Vermittlung von Sozio-und Psychoanalyse neu präzisierbarer Bezugspunkt der Kritik – mit Blick auf dysfunktionale Anpassung, die den Subjekten selbst oder anderen schadet – die Analyse destruktiver Potenziale, Mechanismen oder Wiederholungszwänge (siehe dazu auch Erdheim, 2013; Horn & Weiß, 2021; King, 2021a; Sutterlüty, 2021).

lichkeiten, konstatiert, wie noch ausgeführt wird, Gemeinsamkeiten und Ergänzungsmöglichkeiten von Soziologie und Psychoanalyse und betont zugleich, dass die Sozioanalyse eine andere Blickrichtung habe. Es solle

> »zumindest vor der Versuchung gewarnt sein, sie als Alternativen zu denken. Die Soziologie hat nicht vor, die Erklärungsansätze der Psychoanalyse durch ihre eigenen zu ersetzen; sie versteht es lediglich, einige der Daten, die auch Gegenstand der Psychoanalyse sind, auf andere Weise zu konstruieren, indem sie Aspekte der Realität genauer betrachtet, die die Psychoanalyse als sekundär oder unbedeutend aus der Analyse ausschließt oder die sie lediglich als Schutzschilde betrachtet, die es zu durchbrechen gilt, um zum Wesentlichen durchzudringen (zum Beispiel schulische oder berufliche Enttäuschungen, Arbeitskonflikte etc.). Diese Aspekte können wichtige Informationen im Hinblick auf Dinge enthalten, die auch die Psychoanalyse betrachtet« (EW, S. 657; Bourdieu, 2000a, S. 89f.).

Insofern verweist er auch auf neue Erkenntnisse, die die Soziologie der Psychoanalyse biete, und unterzieht die psychoanalytischen Sichtweisen einer entsprechenden Kritik (wobei er sich häufig auf klassische Konzeptionen Freuds, mitunter auf Lacan, seltener auf Weiterentwicklungen der Psychoanalyse und jüngere Ansätze[10] zu beziehen scheint).[11]

---

10 Siehe zur Weiterentwicklung der Psychoanalyse z. B. die Beiträge und Kontroversen in Altmeyer et al. (2019), zu ihren kulturanalytischen Facetten siehe exemplarisch Gerisch (2019), sowie Weiß & Frank (2022).

11 Auf einer anderen Ebene beklagt Bourdieu im Zuge der Rekonstruktion der Bedingungen seiner wissenschaftlichen Sozialisation in *Ein soziologischer Selbstversuch* (SV, 2002), dass die Psychoanalyse (»wenigstens im Frankreich der siebziger Jahre«, ebd., S. 25) hohes Ansehen genossen habe oder genieße, während die Soziologie in geringerem Maße geschätzt werde, »obgleich sie doch einige wichtige Züge gemein haben, etwa den Anspruch, dem menschlichen Verhalten mit wissenschaftlichen Mitteln gerecht zu werden […]« (ebd., S. 24). Offenbar geht Bourdieu hier davon aus, dass die Semantik der Psychoanalyse (wie auch der Philosophie), mit »bildungsbürgerlichen« Welt- und Selbstbildern leichter zu verbinden sei als diejenige

Beispielsweise hält Bourdieu es für geboten und zu wenig realisiert, dass auch die Psychoanalyse die gesellschaftliche Bedingtheit oder Formung des Psychischen stärker einbezöge:

> »In seiner Analyse des ›Familienromans der Neurotiker‹ hat Freud (1909) gezeigt, dass sich die Tagträume der präpubertären Phase oft des ›Themas der Familienbeziehungen‹ bemächtigen, und dies in Form einer Aktivität der ›Phantasietätigkeit‹, die darauf abzielt, die von nun an mit Verachtung gestraften Eltern zurückzuweisen und sie durch andere zu ersetzen, die ›sozial höherstehend‹ und, mit einem Wort, ›vornehmer‹ sind. Und er bemerkte nebenbei, daß diese Träume ›der Erfüllung von Wünschen, der Korrektur des Lebens dienen und vornehmlich zwei Ziele kennen: das erotische und das ehrgeizige‹. Und er fügt alsbald in Klammern hinzu, daß ›hinter dem (dem ehrgeizigen Ziel, P.B.) aber meist auch das erotische steckt‹ (GW, Bd. VII, S. 229). Es kommt mir nicht zu, diese Behauptung zu bestätigen oder zu verneinen. Ich würde lediglich gerne die dazu komplementäre Behauptung aufstellen, zu der sich die Psychoanalyse in Schweigen hüllt: das Verlangen manifestiert sich in einem jeden Feld [...] in der spezifischen Form, die ihm dieses Feld zu einem bestimmten Zeitpunkt zuweist und die nicht selten jene des Ehrgeizes annimmt« (Bourdieu, 2000a, S. 91).

Diese Argumentations- oder Darstellungsweise findet sich auch in anderen Schriften: Bourdieu greift eine psychoanalytische Sichtweise oder Konzeption auf und bettet sie wiederum soziologisch ein – in diesem Fall also die Annahme, dass der »Ehrgeiz« nicht nur als eine Art Ausdrucksform oder auch Maskierung libidinöser Bestrebungen zu verstehen sei, sondern außerdem auch die soziale Form darstelle, die den Individuen feldspezifisch zur Verfügung steht, um ihr Verlangen

---

soziologischer Analyse. »Indem er die neue Wissenschaft in eine Abstammungsreihe mit der sophokleischen Tragödie brachte, einem der Prunkstücke der klassischen *Bildung (Deutsch im Original)*, hat Freud seinen Schriften akademischen Adel verliehen. Und Lacan [...] hat diesen Stammbaum wiederbelebt [...]« (ebd.).

oder ihre Leidenschaften zu realisieren.[12] Nicht zuletzt warnt Bourdieu vor vereinfachenden Verknüpfungen – bei denen dann umstandslos der »Ehrgeiz zum Ich-Ideal oder zum narzißtischen Allmachtsstreben wird« (ebd., S. 91, Anm. 7) – und verlangt, dass »die Sozioanalyse, anders als viele andere Zwischendisziplinen, mehr ist als ein inhaltsloser Schnittpunkt, der den Forderungen keiner der beiden betroffenen Disziplinen gerecht wird« (ebd.). Zugleich wird in dieser Äußerung implizit deutlich, dass er sein Verständnis der Sozioanalyse[13] auch als eine Form der Vermittlung[14] soziologischer und psychoanalytischer Perspektiven begreift.

Varianten des Nicht-Bewussten – Konzepte des Unbewussten

Vor diesem Hintergrund wirkt es »erstaunlich«, wie auch Zander (2010, S. 7) festhält, dass Bourdieus Bezüge zur Psychoanalyse, nicht nur, aber »zumindest in der deutschsprachigen Soziologie« und Forschung, wenig rezipiert und aufgegriffen sowie kaum systematisch

12 In Bezug auf psychoanalytische Konzepte von Geschlecht und Sexualität möchte er, darin auf seine Weise an das Anliegen Foucaults (1977) einer »Archäologie der Psychoanalyse« anschließend, »die Sexualität gegen die psychoanalytische Naturalisierung rehistorisieren«, so die Formulierung Bourdieus in *Die männliche Herrschaft* (MH, S. 178). Zugleich knüpft er in dieser Studie zur Geschlechterordnung an die psychoanalytische Form oder Methode der Suche nach Erkenntnis durch Analyse des Unbewussten an, wenn er das kulturell oder gesellschaftlich bedingte »Unbewußte, das […] die Beziehungen zwischen den Geschlechtern beherrscht« (ebd., S. 178f.) hervorhebt und vor allem, indem er eine »objektive Archäologie unseres Unbewußten, […] als Instrument einer […] Sozioanalyse« intendiert (ebd., S. 10).

13 Der Begriff »Sozioanalyse« wurde auch unabhängig von Bourdieus Konzeption verwendet, um die Verbindung von Psychoanalyse und Soziologie zu akzentuieren, siehe etwa bereits bei Brede (1972).

14 Wobei Bourdieu selbst den Begriff »Vermittlungen«, den er als »Zauberwort« der Epoche« von Sartre und anderen (MSR, S. 408f.) erlebt hat, in ironischer Distanzierung verwendet.

berücksichtigt wurden (ebd.). Im englischen und französischen Sprachraum finden sich Erörterungen zu Bourdieus Psychoanalyse-Rezeption etwa bei Steinmetz (2006) und Gaulejac (2008). Eher spezifische Verwendungsformen psychoanalytischer Begriffe für unbewusste Abwehrmechanismen wie »Verneinung«, »Spaltung« oder »Kompromissbildung« in Bourdieus Arbeiten werden von Fourny (2000) erörtert. Steinmetz (2006) diskutiert verschiedene Schattierungen von Bourdieus begrifflichen Bezügen auf die Psychoanalyse und hebt, vor allem in Hinblick auf Lacans Konzepte, weitere Anschlussmöglichkeiten hervor; Darmon (2016, S. 128) versteht Bourdieus Ansatz, wie erwähnt, vor allem als soziologische Umdeutung psychoanalytischer Konzepte.

Bedeutsamer als Verweise auf einzelne Aspekte oder Begriffe erscheint allerdings, wie bereits betont, vor allem die *grundlegende epistemologische Orientierung* an der Analyse, Beschreibung und Aufdeckung verborgener, aus dem sozialen Bewusstsein ausgeschlossener, unbewusster Prozesse, die zugleich eine Rolle spielen bei der Aufrechterhaltung der Ordnung des Sozialen sowie bei der Reproduktion von Macht- und sozialen Ungleichheitsverhältnissen. In diesem Sinne reflektiert Gaulejac (2008), ähnlich wie Kastl (2007), Freuds und Bourdieus Konzepte des Unbewussten und verweist überdies auf einen Vortrag, in dem Bourdieu geäußert habe, dass es keine grundlegende Differenz gebe zwischen seiner Konzeption des Unbewussten und derjenigen Freuds: »[E]s ist das Gleiche, bezogen auf die den Dispositionen zugrundeliegenden unbewussten Vorgänge kann man Widerstände, Verschiebungen, Verdrängung, Verneinungen feststellen«.[15] Demnach sähe Bourdieu – »weit entfernt von ›Psychoanalysefeindlichkeit‹« – keine grundlegende Differenz zwischen seiner Konzeption des Unbewussten und der psychoanalytischen.[16]

---

15 »[C]'est le même, face à l'action inconsciente des dispositions, on constate des résistances, des déplacements, du refoulement, des dénégations« (Bourdieu, 2001, zit. n. Gaulejac, 2008, S. 7, Übersetzung V. K.).

16 »[L]oin d'être hostile à la psychanalyse, il estimait qu'il n'y avait pas de différence fondamentale entre sa conception de l'inconscient et celle de Sigmund Freud« (ebd., Übersetzung V. K.).

Gaulejac verweist im Zusammenhang dieses Vortrags überdies auf eine erkenntnistheoretische Bemerkung Bourdieus, in der er rückblickend feststellt, er habe – »wie der junge Freud« – lange Zeit geglaubt, dass Bewusstmachung des Verdrängten ausreiche als Akt der Aufklärung,[17] was zugleich bedeutet, die Widerstände gegen das potenziell verändernde Erkennen zu unterschätzen. Eben diese Einsicht leitete Bourdieu dann bei seiner wissenschaftstheoretischen reflexiven Wendung und Konzeption der Sozioanalyse.

Der Begriff »unbewusst« wurde und wird dabei unterschiedlich verwendet (Kastl, 2007), aber gleichwohl nicht durchgängig systematisch unterschieden: Sowohl in der Psychoanalyse als auch in Bourdieus Werk kann differenziert werden zwischen dem Unbewussten im Sinne eines impliziten Wissens oder von *präreflexiv praktisch wirksamen Schemata* oder »Automatismen«[18] und dem *dynamischen* Unbewussten, also dem Verdrängten oder Maskierten, nicht ohne Widerstände zugänglichen Ausgeblendeten.[19]

---

17 » [J]'ai longtemps été comme le jeune Freud, j'ai longtemps pensé que la prise de conscience suffisait« (ebd., Übersetzung V. K.).

18 Bohleber (2013b) spricht in diesem Zusammenhang vom »nicht-verdrängten Unbewussten« (ebd., S. 811) und verweist u. a. auf Bollas' Konzeption des *unthought known,* das »ungedachte Bekannte« (Bollas, 2014): Gerade die frühen Erfahrungen mit bedeutsamen Anderen, wie sie uns »behandeln, wird in uns kodiert und in die Grammatik unseres Ichs oder in die Regeln des Seins und der Bezogenheit eingebaut, nach denen wir unser Leben leben« (Bollas, 2011, S. 18, zit. n. Bohleber, 2013b, S. 811) – eine Formulierung, die soziologisch vergleichbar auch für Prozesse der Herausbildung von Schemata des Habitus verwendet werden könnte. Siehe dazu auch Silva (2016a, b) sowie Aarseth, Layton & Bjerrum Nielsen (2016), die vorschlagen, Bollas' Konzeption des *unthought known* mit Bourdieus Habitusbegriff zu verknüpfen und dadurch hinsichtlich der psychischen Dimension zu differenzieren.

19 Aus einer teils funktionalistischen, teils auch romantischen Sicht lässt sich psychoanalytisch überdies nicht nur das Abgewehrte, sondern, in einigen Bereichen sich gleichsam überlappend, das »kreative Unbewusste« unterscheiden (Bohleber, 2013b, S. 812f.). Bohleber verweist etwa auf Bions (1992 [1962]) Verständnis einer Funktion des Träumens, potenziell Erfahrungen

In der Theoretisierung von Gesellschaft ergibt sich überdies eine dritte, davon methodologisch zu unterscheidende Kategorie des »Nicht-Wissbaren« oder der »Nicht-Bewusstheit« (SaB, S. 18), die aus der *strukturellen Undurchsichtigkeit der gesellschaftlichen Verhältnisse* für soziale Akteurinnen und Akteure resultiert, auf die Bourdieu sich, wie einleitend hervorgehoben, ebenfalls grundlegend bezog (siehe auch Muel-Dreyfus, 2003).[20] Hinsichtlich dieser dritten Bedeutungsebene knüpfte Bourdieu dabei an – in dieser Hinsicht: konvergierende – Sichtweisen von Durkheim, Weber und Marx an, die auf unterschiedliche Weise davon ausgehen, dass das »gesellschaftliche Leben nicht durch die entsprechende Vorstellung der an ihm Beteiligten erklärt werden soll, sondern durch tieferliegende Ursachen,

---

zu korrigieren oder zu transformieren: »Dieses träumende unbewusste Prozessieren und Metabolisieren von Erfahrung findet sowohl im Schlaf als auch im Wachbewusstsein statt« (Bohleber, 2013b, S. 813). In Blochs philosophischem Verständnis (1985 [1954]) von Hoffnung spielt das »Noch-Nicht-Bewusste« eine bedeutsame Rolle (siehe dazu auch Zepf & Seel, 2020).

Lorenzer (1984, 1988) wiederum entfaltete in seiner psychoanalytischen Sozialisationstheorie Konzeptionen des unbewusst Psychischen, über die nicht nur neurotisches Leiden und Pathologie, sondern Unbewusstes auch als gesellschaftlich Verpöntes fassbar werden sollte: aus der »Bestimmung der Differenz gesellschaftlich zugelassener Symbolik und davon ausgesperrter, den Individuen verwehrter oder erheblich verzerrter Ausdrucksmöglichkeit ihrer unmittelbaren sinnlich-leiblichen Bedürfnisse« (Busch, 1987, S. 105f.). In welchem Verhältnis dabei das unbewusste gesellschaftlich Verpönte, das beispielsweise in der Kunst kreativ Ausdruck finden kann, und das Idiosynkratische, individuell Abgewehrte stehen, bleibt je nach Gegenstand neu zu bestimmen.

Hinsichtlich der kategorialen Unterscheidungen geht Bohleber (2013b) davon aus, dass die von ihm differenzierten verschiedenen Facetten des Unbewussten – verdrängt, nicht-verdrängt, kreativ – prozessual und praktisch nicht durchweg klar unterschieden werden können bzw. auch ineinander übergehen.

20 Zu den auch im produktiven Sinne stabilisierenden Funktionen des gesellschaftlich Nicht-Bewussten oder »Latenten« siehe insbesondere Nassehi (2021) anknüpfend an Parsons (1972).

die sich dem einzelnen Bewußtsein entziehen« (Durkheim, 1961, zit. n. SaB, S. 18). Entsprechend wird in soziologischen Theorien, auf variierende Weise, davon ausgegangen, dass es einen Bruch gibt zwischen den sozialen Verhältnissen und den alltäglichen Vorstellungen der Akteurinnen und Akteure von der sozialen Welt, in denen bedeutsame Aspekte ausgeblendet bleiben. Zugleich werde, so die Bilanz von Kastl (2007), in der jüngeren soziologischen Theoriediskussion vielfach »keine Spielmarke mit der Aufschrift ›Das Unbewusste‹« gebraucht (ebd., S. 84). Allerdings gibt es bei genauer Betrachtung durchaus etliche Ansätze, die explizit Nicht-Bewusstes, Unbewusstheit oder unbewusste Prozesse in Konzeptionen des Sozialen und Psychischen einbeziehen.

Den Begriff des Unbewussten verwenden nicht nur all jene soziologischen Theorien oder soziologisch-sozialpsychologischen Ausrichtungen, die sich explizit, auf unterschiedliche Weisen, auf die Psychoanalyse beziehen, etwa, um nur ein prominentes Beispiel zu nennen, in der Kritischen Theorie (siehe z.B. Adorno, 1946; Horkheimer & Adorno, 1947; Schmid Noerr, 2017).[21] Zum anderen wird er, wenngleich in anderer Bedeutung, im Besonderen in strukturalistischen Theorien und daran im weiteren Sinne anknüpfenden Ansätzen ins Spiel gebracht. Dazu gehören etwa Durkheims bereits zitiertes Verständnis (1961) »nicht-bewusster« Regelmäßigkeiten, die die soziale Welt prägen, ohne dass sie Akteurinnen und Akteuren reflexiv verfügbar wären – oder die Sichtweise von Lévi-Strauss auf den Unterschied etwa zwischen »sekundäre[n] Rationalisierungen und Erklärungen« und »unbewußte[n] Gründen« (1967, S. 33f.), aus denen Handelnde bestimmte kulturell präfigurierte Akte vollziehen.[22] Aus durchaus verschiedenen Perspektiven geht es je auch um die Einsicht, »dass die Selbstbeschreibung der Gesellschaft« und somit auch »der Reim, den

21 Siehe dazu etwa die Übersicht in Haubl & Schülein (2016), Dahmer (1982) sowie Beiträge in Dahmer (2013).

22 Zu den unbewussten Dimensionen von Deutungsmustern und Habitusformationen siehe z.B. auch Oevermann (2001, S. 46), zur psychoanalytischen Epistemologie siehe Lorenzer (1974).

sich die Leute auf das Geschehen machen, stets hinter den Verhältnissen herhinkt« (Nassehi, 2021, S. 48).[23]

Für Bourdieu ist es ein zentrales Anliegen, auf das aus dem Denken und der Selbstwahrnehmung von gesellschaftlichen Institutionen sowie Akteurinnen und Akteuren Ausgeschlossene hinzuweisen und die Dynamik der Ausblendungen zu analysieren. Über seine epistemologischen und theoretischen Perspektiven sowie seine empirischen Studien tritt vielfach auf sehr prägnante Weise hervor, dass in gesellschaftlichen Prozessen bedeutsame Aspekte der sozialen Realität nicht nur lediglich implizit verfügbar sind, sondern auch (in einem dynamischen Sinne) ausgeblendet, verdrängt oder verleugnet werden.

Entsprechende Differenzierungen zwischen verschiedenen Formen und Ebenen des »Nicht-Bewussten« thematisiert Bourdieu beispielsweise auch in seinen Vorlesungen am Collège de France von 1998 bis 2000 (MSR) zu Manet: Er versteht die Kommunikation zwischen Betrachtenden und Kunstwerk als eine »Kommunikation von Unbewusstem«: »Die Kommunikation mit dem Kunstwerk« vollziehe sich »zum Großteil auf der Ebene des jeweiligen Unbewußten«, wobei er,

23 Siehe dazu, in wissenssoziologischer Akzentuierung, Luhmanns und Fuchs' Verständnis von Sehen und Erkennen-Können: »[…] dass jede Beobachtungsoperation eine eigentümliche Kombination von Blindheit und Sicht ist« (Luhmann & Fuchs, 1989, S. 178, zit. n. Nassehi, 2021, S. 26). Nassehi betont überdies, anknüpfend an Parsons (1966, S. 26, 1972, S. 12ff.), gerade die schützende »Latenzfunktion der Kultur« (Nassehi, 2021, S. 49): Gesellschaft muss aus dieser Sicht permanent »eine handhabbare Version ihrer selbst erzeugen, um Komplexität bewältigen zu können«; die »Bedingungen der Möglichkeit von gesellschaftlicher Ordnung« müssen »latent« gehalten werden, d. h. sie sind nicht bewusst verfügbar. »Aufklärung über Latenzen« werde eher als »Störungen« (ebd.) erlebt. Während, so Nassehi, die »soziologische Analyse […] auf Latenz aufmerksam machen [muss], um nicht einfach zu wiederholen, was die Gesellschaft ohnehin über sich selbst erzählt«, seien in der gesellschaftlichen und alltäglichen Praxis »solche Störungen […] bisweilen nötig, aber am Ende dysfunktional, wenn die Latenz dadurch völlig verlorenginge« (ebd.) und dann zur Quelle von Unbehagen werden: »Dieses Unbehagen an der Gesellschaft ist gewissermaßen das Ergebnis eines Changierens zwischen Transparenz und Intransparenz« (ebd., S. 50).

wie er hier dezidiert betont, hierbei »unter Unbewusstem sowohl das verstehe, was implizit ist und auf der Ebene des Praktischen belassen wird, als auch das, was im psychoanalytischen Sinn verdrängt wurde« (ebd., S. 62; siehe auch P. Bourdieu & M. C. Bourdieu, 2015, S. 816).

Allerdings blieb eine *ausführliche systematische* Auseinandersetzung mit dem bei Bourdieu durchgängig verwendeten Begriff des Nicht-Bewussten, der Unbewusstheit oder des Unbewussten (als Substantiv und Adjektiv) weitgehend ausgespart, im Besonderen mit Bezug auf die *Relationierung* der erwähnten unterschiedlichen Bedeutungen. In der Studie *Homo academicus* (HA) beispielsweise, deren Vorwort zur deutschen Ausgabe das Durkheim-Zitat »Das Unbewusste ist die Geschichte« vorangestellt ist (ebd., S. 9), sind verschiedene Aspekte von Unbewusstheit bedeutsam, deren Differenzen, Überlagerungen und Zusammenhänge genauer zu explizieren sind: Es werden im Durkheim'schen Sinne kollektiv nicht-bewusste, da konstitutiv intransparente »Regelmäßigkeiten« oder Strukturen angesprochen, die die soziale Welt prägen, in diesem Fall das Feld der Wissenschaft. Aus den mit den Strukturen verbundenen Erfahrungen entwickeln sich präreflexiv inkorporierte Haltungen und Handlungsentwürfe, die unbewusst wirksam werden. Darüber hinaus zeigt Bourdieu auch für dieses Feld im dynamischen Sinne unbewusste, verdrängte Anpassungen der Handelnden und die damit verbundenen Gratifikationen auf – wie sie beide, konzeptionell, im folgenden Abschnitt über den Habitus genauer erläutert werden.

Übergreifend zielt Bourdieu mit dieser Arbeit (HA) auf eine Form soziologischer – das Subjekt der Wissenschaft objektivierender – Selbstanalyse, eine Sozioanalyse als »Anamnesearbeit« (RA, S. 96). Insofern sind genauere Relationierungen der verschiedenen Ebenen von Unbewusstheit auch eine Bedingung für die Weiterführung der potenziell aufklärenden reflexiven Analyse. Auch beim Konzept des Habitus, das im Folgenden betrachtet wird, sind, wie angedeutet, Facetten des impliziten oder dynamischen Unbewussten unterscheidbar.

3 Der Habitus als Vermittlung von Sozialem und Psychischem?

3.1 Die Verinnerlichung und Einverleibung des Sozialen

Gerade auch aus einer mikrosoziologischen und (soziologisch-) sozialpsychologischen Perspektive ist von besonderem Interesse, wie Bourdieu soziale und individuelle Praxis relationiert. Dafür zentral ist das Konzept des Habitus: Denn in der Theorie des Habitus kommt »Bourdieus Konzeptualisierung dessen zum Ausdruck, was an Individuen in ihrer Eigenschaft als soziale Akteure soziologisch relevant ist« (Schwingel, 1998, S. 53). Der Habitus entsteht demnach aus der unmerklichen und kontinuierlichen Verinnerlichung sozialer Erfahrungen im Verlaufe des Aufwachsens, er wird dann im weiteren Leben auch feldspezifisch geprägt (etwa über Schulformen, institutionelle Einbindungen, Berufe usw.). Im Zuge solcher Verinnerlichungsprozesse bilden sich z. B. milieu- oder geschlechtstypische Schemata heraus, die die Handlungen, Wahrnehmungen und das Denken der sozialen Akteurinnen und Akteure strukturieren.

Hinsichtlich der *Theorieentwicklung* ging es Bourdieu um ein Konzept, das als Vermittlungskategorie zwischen »Struktur und Handlung, sozialer Wirklichkeit und Repräsentation sowie Individuum und Gesellschaft« (Barlösius, 2006, S. 46f.) fungieren soll und kann. Im Sinne dieser Vermittlungsfunktionen hat der Habitus, wie sich andeutete, konstitutiv doppelte Bedeutung: Zum einen wird er verstanden als *Produkt* der »Einverleibung einer sozialen Struktur« (M, S. 216), zum anderen bezeichnet er ein »System generativer Schemata« (FU, S. 279) im Sinne von Dispositionen (SoSi, S. 98), die die Wahrnehmung, das

Denken und das Handeln strukturieren und im Zuge dessen auch limitieren. Der Habitus ist zugleich Resultat und Erzeugungsprinzip (und hat in diesem Sinne auch teilweise Ähnlichkeiten mit anderen Schema-Begriffen der Entwicklungsforschung; siehe dazu, ausführlicher, die Diskussion bei Silva, 2016a). Zur Veranschaulichung führt Barlösius (2006) ein einfaches Beispiel an: »Unzählige Male wurden wir als Kind aufgefordert, nicht zu trödeln, geradeaus zu gehen und gefälligst die Augen aufzuhalten. Und dabei lernten wir, schematisch wahrzunehmen und unsere Bewegungen und Handlungen in ein Schema einzupassen« (ebd., S. 50). Dieses Schema formt künftige Bewegungen, die unwillkürlich aktualisiert werden.

Es handelt sich hier um eine Form der Verinnerlichung oder Inkorporierung von Regeln, die nicht bewusst ist, allerdings – wie mit Blick auf die erwähnten unterschiedlichen Bedeutungen von »unbewusst« festzuhalten ist – auch nicht im dynamischen Sinne verdrängt. Als Beispiele lassen sich auch geschlechtstypische Körperhaltungen, Bewegungsformen oder Sprechweisen anführen, die Ausdruck des präreflexiv wirksamen, inkorporierten Geschlechtshabitus sind. Die impliziten Regeln – etwa wie Männer oder Frauen gehen oder sitzen dürfen – sind demnach verinnerlicht, »ohne daß es nötig wäre, etwas explizit vorzuschreiben oder zu untersagen« (MH, S. 54). Das Denkbare oder Undenkbare, das praktisch Selbstverständliche oder unwillkürlich Ausgeschlossene ergeben sich einmal daraus, dass Regeln der sozialen Praxis als selbstverständliche inkorporiert werden; zum anderen wird die Genese und Geschichte des Habitus »vergessen«. Die Entstehungsbedingungen bleiben unbewusst, der Habitus ist praktisch unmittelbar wirksam und dadurch besonders beständig.

Dieses Konzept hat daher besondere Bedeutung gerade in Bezug auf machtsoziologische Perspektiven. Denn über Habitualisierung werden die dem Bewusstsein entzogenen Mechanismen der Anpassung erzeugt. Über Habitualisierung vollzieht sich auf der Ebene der Akteurinnen und Akteure die Reproduktion sozialer Ungleichheiten, die nicht nur über äußere Zwangsverhältnisse funktionieren. So resultiert auch die implizite Zustimmung der Beherrschten zur Herrschaft in vielen Hinsichten aus unbewussten Verinnerlichungsprozessen (M, S. 218), die den Sinn für Positionen und Grenzen aufrechterhalten: »Aus objektiven Grenzen wird der *Sinn für Grenzen*, die durch Erfahrung der objektiven Grenzen erworbene Fähigkeit zur praktischen Vorwegnahme dieser Grenzen, wird der *sense of one's place*, der ausschließen läßt (Objekte, Menschen, Orte, etc.), was einen selbst ausschließt« (FU, S. 734f.). Entsprechend

> »tendieren die Beherrschten zunächst einmal dahin, sich das zuzuschreiben, was ihnen [...] ohnehin zugewiesen ist, das abzuwehren, was ihnen ohnehin verwehrt ist (›das ist nichts für uns‹) [...], ihre Hoffnungen auf das Maß ihrer Chancen zurechtzustutzen, sich so zu definieren, wie die herrschende Ordnung sie definiert [...]« (ebd., S. 735).

In diesem Zusammenhang, so wäre hinzuzufügen, wenn es etwa um das Ausblenden von Anpassungsvorgängen geht, ist die Funktion eines habitualisierten »*sense of one's place*« (ebd., S. 734) auch in einem *dynamischen* Sinne unbewusst – zumindest dann, wenn Unterwerfungs- oder Dominanzverhältnisse verleugnet werden. In einem dynamischen Sinne heißt das: Die verinnerlichten Haltungen lassen sich dann auch nicht ohne Widerstände bewusst machen, die Vorgänge der Internalisierung werden ausgeblendet, Prozesse der Anpassung oder Suppression als solche nicht bewusst.[24]

Exemplarisch für diese Sichtweise ist Bourdieus »Sozioanalyse des androzentrischen Unbewußten« (MH, S. 14), wie erwähnt, Gegenstand der Schrift *Die männliche Herrschaft*. Auch hier findet sich die explizite Unterscheidung zwischen der »Unbewusstheit« der sozialen Ordnung einerseits (die »Schemata des vergeschlechtlichten Unbewussten« seien »hochdifferenzierte geschichtliche Strukturen« [ebd., S. 180]) und unbewussten Prozessen der Interiorisierung dieser Ordnung in der Ontogenese andererseits, die sich auf Selbstverständnis und (auch sozialwissenschaftliche) Deutungsmuster auswirken.

---

24 In etlichen Thematisierungen von »Nicht-Bewusstheit«, von Ausblendungen oder Verzerrungen von Wahrnehmung und Kognition wird nicht genau unterschieden zwischen habitualisiertem und dynamischem Unbewusstem (siehe dazu aus einer anderen Perspektive auch Kahnemann, 2021).

> »Da wir, Männer wie Frauen, Teil des Gegenstandsbereichs sind, den wir zu erfassen suchen, haben wir in Form unbewußter Wahrnehmungs- und Bewertungsschemata die historischen Strukturen der männlichen Ordnung verinnerlicht. Wir laufen daher Gefahr, daß wir zur Erklärung der männlichen Herrschaft auf Denkweisen zurückgreifen, die selbst das Produkt dieser Herrschaft sind« (ebd., S. 14).

In der Beschreibung der Prozesse der Adaption an die Ordnung werden – implizit – wiederum verschiedene Ebenen unbewusster Anpassung ausgeführt: das präreflexive unwillkürliche Erlernen, z.B. durch »unbewußte Nachahmung« (ebd., S. 51f.), aber auch die Verdrängung von Unterwerfungsakten (ebd., S. 69ff.).[25]

Und wie sich bereits am Beispiel des Geschlechtshabitus zeigte, akzentuiert Bourdieu, dass der *sense of one's place* auch *leiblich* verankert ist: Der Habitus lässt sich demnach auch begreifen »als das Körper gewordene Soziale« (RA, S. 161), ein »Produkt der Inkorporierung der immanenten Notwendigkeit« eines »Feldes oder eines Ensembles von mehr oder weniger konkordanten Feldern« (ebd., S. 160f.): »Der sozialisierte Körper (was man Individuum oder Person nennt) steht nicht in Gegensatz zur Gesellschaft: er ist eine ihrer Existenzformen« (SF, S. 28).[26]

> »[Die] praktische Anerkennung, durch die die Beherrschten oft unwissentlich und manchmal unwillentlich zu ihrer eigenen Beherrschung beitragen, indem sie stillschweigend und im vorhinein die ihnen gesteckten Grenzen akzeptieren, nimmt häufig die Form einer *körperlichen Empfindung* an (Scham, Schüchternheit, Ängstlichkeit, Schuldgefühl),

25 Kritik an Bourdieus Analysen von Geschlechterverhältnissen bzw. an »hidden constants in Bourdieus's own thinking on gender habitus« wurde u.a. ausgeführt von Witz (2004, S. 211). Zur Vergeschlechtlichung des Körpers und leiblichen Erlebens siehe Villa (2006).

26 Siehe zur Inkorporierung des Sozialen und Sozialität des Leibes aus psychoanalytisch-sozialisationstheoretischer Perspektive auch Lorenzers Ansatz (z.B. Lorenzer, 1984, 1988; Görlich & Lorenzer, 1994), sowie Beiträge in Dörr, Schmid Noerr & Würker (2022) und Kirchhoff & Schmieder (2014).

> die nicht selten mit dem Gefühl eines *Regredierens* auf archaische Beziehungen, auf Kindheit oder familiäre Umgebung, einhergeht. Sie setzt sich in sichtbare Symptome wie Erröten, Sprechhemmung, Ungeschicklichkeit, Zittern um: Weisen, sich dem herrschenden Urteil, sei es auch ungewollt, ja widerwillig, zu unterwerfen, Weisen, das unterirdische Einverständnis – wenngleich manchmal in innerem Konflikt, ›innerlich gespalten‹ – zu erfahren, das einen Körper, der sich den Anweisungen des Bewußtseins und des Willens entzieht, mit der Gewalt der den Gesellschaftsstrukturen inhärenten Zwängen solidarisiert« (M, S. 217).

Vergesellschaftung vollzieht sich dieser Logik nach über unwillkürliche und zugleich unhintergehbare Prozesse der Verinnerlichung, der Interiorisierung, die das Allgemeine (der sozialen Praxis und Verhältnisse) dann wie ein Besonderes (als individuelles Erleben, Urteilen usw.) in Erscheinung treten lassen. Die Individuen sind sich daher überwiegend der sozialen Genese ihrer subjektiven Vorstellungen und Motive nicht bewusst. Und in gewissem Sinne wollen sie es auch nicht sein. Die Motive für den Widerstand gegen Erkenntnis sind mit den Habitualisierungen verknüpft: So legen die Einzelnen typischerweise gerade Wert darauf, ihre Vorstellungen als ihnen individuell eigene Sichtweise zu erachten. In diesem Sinne verweist Bourdieu in der Studie *Die feinen Unterschiede* (FU) darauf, dass etwa »Kultiviertheit«. »Geschmack« oder »Gebildetheit« subjektiv eher wie eine distinguierende individuelle Besonderheit, als eine Art Prädikat verstanden werden, das von der breiten Masse abhebt, und nicht als schlichtes Resultat ungleicher Lebensverhältnisse und damit verknüpfter Gewohnheiten und Selbstverständlichkeiten im Milieu des Aufwachsens und der Lebensführung. Die Reproduktion sozialer Ungleichheiten beruht aus dieser Sicht auch auf der Unbewusstheit der Mechanismen, die die Wahrnehmungen, Denk-, Handlungs- und Sichtweisen hervorbringen, auf Verdrängungen oder Ausblendungen in der Welt- und Selbstsicht der Akteurinnen und Akteure.

Wie lassen sich bis dahin Bourdieus Konzeptualisierungen der Habitusbildung oder nicht-bewussten Habitualisierung und der Bedeutung des Unbewussten und Psychischen verdichten? Bourdieu analysiert die Mechanismen der Vergesellschaftung mit Blick darauf, wie soziale Strukturen über die Praxis verinnerlicht werden und sich dabei in Schemata und Dispositionen verwandeln, die ihrerseits Praxisfiguren hervorbringen. Die verinnerlichten Dispositionen beeinflussen Wahrnehmung, Denken und Handeln, ohne dass sich die Individuen der dabei wirksam werdenden Bedingungen, Prägungen und ihrer Folgen bewusst wären. Er untersucht somit auch die Voraussetzungen dafür, dass die soziale Praxis als von den Individuen selbst »frei« hervorgebrachte erscheint. Insofern ist für ihn die Analyse der Subjektivität immer auch motiviert durch sein primäres Interesse an der Untersuchung von Vergesellschaftungsprozessen. Zugleich war ihm jedoch daran gelegen, aufzuzeigen, wie weit oder tief diese reichen – dass sie nicht nur die Oberfläche formen, sondern auch die Dimensionen des Psychischen berühren und zudem überwiegend unbewusst wirksam sind. Insofern ging es ihm durchaus in einigen Hinsichten darum, die *Binnenlogik der Subjektivität* zu erhellen, und zwar sowohl die soziale Prägung oder Genese von Motiv-, Bedürfnisstrukturen, von Wahrnehmungs- und Urteilsformen als auch dynamisch wirksame, unbewusste intrapsychische Mechanismen wie Verdrängung und Verleugnung und damit verbundene Selbsttäuschung.

Zugleich lässt das Habituskonzept eine Reihe von Fragen offen und hat dadurch auch unterschiedliche Lesarten begünstigt (siehe dazu Benzecry, 2018; Silva, 2016b; sowie Friedman, 2016). Auf welche Weisen sich Habitusbildung und -reproduktion individuell vollziehen, aber auch Differenzen zwischen nicht-bewussten verinnerlichten Automatismen und im dynamischen Sinne Verdrängtem, wird im Detail nicht systematisch ausgeführt. Überdies erscheint der Prozess der Sozialisation als Habitualisierung mitunter allzu glatt: Die eigene Logik, die sich aus der je individuellen und idiosynkratischen Bewältigung lebensgeschichtlicher und klassen-, feld- oder geschlechtsspezifischer Bedingungen ergibt und nicht einfach eindimensional aufgeht in sozialen Konditionierungen, wird nicht durchgängig berücksichtigt. Auch wenn Bourdieu immer wieder betont, dass es ihm nicht darum gehe, soziale Determiniertheit zu behaupten, kann in seinem Modell die gesellschaftliche Prägung der Akteurinnen und Akteure mitunter wie eine reibungslose Vergesellschaftung erscheinen. Aus sozialer Praxis resultieren, so könnte man meinen, passgenau inkorporierte Habitusformen, die wiederum funktional sind für die weiterhin gelebte soziale Praxis. Dabei versucht Bourdieu allerdings durchaus zu berücksichtigen, dass sich nicht nur die soziale und kulturelle Praxis wandeln, sondern auch individuelle Akteurinnen und Akteure die soziale Position verändern oder die Felder wechseln, sodass es, wie noch genauer ausgeführt wird, zu Irritationen und Divergenzen zwischen institutionellen feldspezifischen Anforderungen und dem kommen kann, was Individuen als habitualisierte Schemata mitbringen. Entsprechend vielschichtig (siehe dazu die Beiträge bei Lenger, Schneickert & Schumacher, 2013) und auch kontrovers stellt sich die Rezeption des Habituskonzepts dar, die im folgenden Zwischenschritt ausschnittsweise, im Besonderen mit Blick auf sozialpsychologische Aspekte, skizziert wird.

3.2 Bourdieus Habituskonzept: Kritik, Kontroversen und Zwischenresümee

In Bezug auf die sozialpsychologischen oder psychologischen Implikationen von Bourdieus Habitustheorie lassen sich unterschiedliche Positionen festhalten. Schwingel (1998) kommt zu dem Schluss, »dass das Habituskonzept auch im Zusammenhang von mikrosoziologischen, ja selbst von sozial- und entwicklungspsychologischen Analysen fruchtbar sein kann, doch diese Analyse bleibe in Bourdieus eigenen Analysen bislang relativ unausgeschöpft« (ebd., S. 67). Ähnlich argumentiert Zander (2010), der für weitere psychologische Fundierungen plädiert. Die entgegengesetzte Position geht davon aus, dass Bourdieus Habitustheorie in ihrer eigenen Sprache und Begrifflichkeit bereits psychologische Fragen im weiteren Sinne beträfe (Krais & Gebauer, 2002, S. 26) und beantwortet hätte, dass Bourdieu mit dem Habitusbegriff »bereits eine psychologische Gegenstandsbestimmung vornimmt« (El-Mafaalani & Wirtz, 2011, S. 1). Aus dieser Sicht wird dann eher auf noch offene Themen verwiesen, die untersucht werden könnten.

Weitere Kritik wurde daran geäußert, dass das Konzept des Habitus einer Ausdifferenzierung der Dimension des Emotionalen ermangele, da es das psychoanalytische Konzept der Internalisierung unberücksichtigt lasse (Brumlik, 2006): Demnach hänge die »sachliche« und »vor allem die methodologische Schlüssigkeit von Bourdieus Theorie« von einer »Theorie der Emotionen ab, die als Leerstelle zwischen einer Theorie des körperlichen Habitus sowie einer Theorie sozialer Strukturen klafft« (ebd., S. 155). Honneth (1990) verwies ebenfalls auf reduktionistische Aspekte des Habitusbegriffs, der eine funktionalistische Betrachtung, etwa der Alltagskultur, stärker betont und zu wenig »theoretisches Sensorium« für deren mögliche »expressive oder identitätsverbürgende Elemente« entwickle (ebd., S. 171). Oevermann (2001) kritisierte die unzureichende Unterscheidung zwischen »psychischer Verinnerlichung«, »Deutungsmuster« und »Lebensstil« in Bourdieus kultursoziologischer Verwendung des Habituskonzepts. Mit unterschiedlichen Akzentuierungen wurde auch auf die eher schematische, mitunter deterministisch oder auch zirkulär anmutende Konstruktion des Habitusbegriffs hingewiesen (zusammenfassend dazu siehe Barlösius, 2006, S. 181ff.; sowie die bildungstheoretischen Dimensionen einbeziehend Koller, 2009, S. 33) oder auf das Problem, dass dem Habitus mitunter eine Art Subjektstatus zuzukommen scheint (der Habitus produziert, verhindert usw.), woraus sich eine suggestive Betrachtung entwickeln kann, die die ungelösten Probleme des Begriffs eher verhüllt (Kastl, 2007). Zugleich wurde das Konzept weitergeführt mit Vorschlägen etwa in Richtung einer Theoretisierung des Habitus, die dann Affekte, Emotionen und psychische Prozesse dezidiert einbezieht (Aarseth, 2016; Silva, 2016a), u. a. beispielsweise anknüpfend an Bollas' (2014) sowie Loewalds (1980) Verständnis der Libido für das Verhältnis zum Anderen und zur Welt.

Übergreifend wird deutlich, dass in Bourdieus Habituskonzept Vereinfachungen und offene Fragen enthalten sind, die es nahelegen, in Bezug auf die komplexen Vermittlungen zwischen den Funktionsweisen des Psychischen und jenen der Gesellschaft weitere Differenzierungen vorzunehmen. Bourdieu tendiert dazu – darin, wie erwähnt, in gewissem Sinne ähnlich wie Parsons –, die Vergesellschaftung der Individuen konzeptionell in Anpassung aufgehen zu lassen. Doch während Parsons Sozialisation teils eher deskriptiv oder funktionalistisch beschreibt, verbindet Bourdieu damit dezidiert auch eine kritische Absicht, insofern es ihm immer um eine herrschaftsanalytische Perspektive im Dienste der »befreienden« Aufklärung geht. In diesem Sinne verfolgt Bourdieu teils implizit, teils explizit auch Fragestellungen der klassischen Kritischen Theorie oder der soziologischen und psychoanalytischen Sozialpsychologie: Ihn interessieren, wie erläutert wurde, gerade auch die subtilen Mechanismen der »Einverleibung einer Herrschaftsbeziehung« (M, S. 216), bei der sich »die Wirksamkeit äußerer Zwänge auf die Wirksamkeit eines inneren Zwangs« stütze (ebd., S. 216). Denn im Unterschied zu soziologischen Theorien, die die Dimensionen des Psychischen auszuklammern neigen, ringt er in einigen Hinsichten um Möglichkeiten der Verknüpfung, immer unter der Prämisse eines – für die soziologische Erkenntnis konstitutiven – Vorrangs des Gesellschaftlichen (im Sinne Adornos, 1966).

Insofern erscheint die zitierte Kritik an schablonenhaften, zirkulären und funktionalistisch verengten Aspekten seines Habituskonzepts zwar in einigen Hinsichten plausibel. Zugleich hat Bourdieu jedoch, wie im nächsten Abschnitt anhand der Relationierungen von Feld und Habitus dargelegt wird, auch wichtige Voraussetzungen geschaffen für weitergehende Differenzierungen und Vermittlungen (siehe dazu auch Wacquant, 2016; Silva, 2016b; Friedman, 2016). Denn in diesem Zusammenhang, in dem es um mögliche Spannungen von Feld und Habitus geht, wird deutlicher, dass individuelle Dispositionen sich nicht einfach nur bruchlos an die soziale Praxis anschmiegen. So erweist es sich als besonders instruktiv, wie Bourdieu damit potenziell verbundene Friktionen betrachtet. Über die mitunter allzu glatt erscheinende Entsprechung von sozialen Strukturen und Habitusformen hinaus wird hierbei der Blick geweitet für die komplexen und zugleich subtilen Vermittlungen von sozialen Bedingungen und individuellen Dispositionen. Und damit deuten sich auch weitere mögliche konzeptionelle Relationierungen von Habitus (wie man hier, kontrastierend, sagen könnte: als soziale Form, teils bewusst, teils unbewusst wirksam) und Psyche (als individueller Dynamik, die ebenfalls teils bewusst, teils unbewusst wirksam ist) an.

3.3 Habituskonflikte und Transformationen

> »Soziologie und Psychoanalyse sollten sich zusammentun (aber dazu müßten sie ihre gegenseitigen Voreingenommenheiten überwinden können), um die Genese der Besetzung eines Feldes sozialer Beziehungen zu untersuchen [...]« (M, S. 212).

Differenzierungen und weiterführende Ansatzpunkte für die Konzeption des Verhältnisses von Individuum und Gesellschaft ergeben sich in diesem Sinne in Bourdieus Schriften, wenn die Bedeutung des Habitus nicht allein mit Bezug auf die funktionalen Prozesse der Internalisierung oder Inkorporation milieu-, klassen- oder geschlechtsspezifischer Erfahrungen im Verlauf des Aufwachsens betrachtet wird, sondern auch Friktionen und mögliche oder erzwungene Wandlungen des Habituellen in den Blick genommen werden. Mit dem Habitus potenziell verknüpfte Ambivalenzen oder Widersprüche treten gerade dann stärker hervor, wenn nicht einfach nur von bruchloser feld- oder kontextspezifischer »Aktualisierung« (ebd., S. 205) inkorporierter Habitusformationen ausgegangen wird, sondern auch von zwangsläufig immer wieder auftretender Dysfunktionalität. Denn sofern subjektiv ganz und gar selbstverständliche Habitualisierungen in neuen Kontexten nicht mehr passen – was unter Bedingungen rascher soziokultureller Wandlungen trotz vielfach persistierender Ungleichheiten naheliegt – und auch nicht ohne Weiteres adaptiert werden können, entstehen Irritationen oder Konflikte, die subjektiv – individuell, aber mitunter auch kollektiv, latent oder manifest – als Herausforderungen oder schwer bewältigbare Krisen erlebt werden können und potenziell Veränderungen des lebensgeschichtlich angeeigneten Habitus nach sich ziehen.

In diesem Sinne untersucht Bourdieu im Kapitel »Symbolische Gewalt und politische Kämpfe« seiner Schrift *Meditationen* auch, wie etwa familiale und berufliche Sozialisation ineinandergreifen können, und bezieht sich dabei auf psychoanalytische Perspektiven. Er erläutert zunächst, auf welche Weise die im Verlauf des Heranwachsens erworbenen Dispositionen und Habitualisierungen dann im Beruf feldspezifisch kanalisiert und gleichsam assimiliert werden, damit innerhalb eines Feldes »mitgespielt« werden kann (siehe dazu auch Maître & Bourdieu, 1994, S. VIIff.).

In Begriffen, die hier nicht nur eine Analogie von »Habitus« und »Psyche«, sondern schon beinahe eine Gleichsetzung nahelegen – ginge es nicht stets um die gesellschaftliche Kontextuierung der geschilderten Prozesse –, werden die Umgestaltungen des Habitus erläutert: Gefordert seien, für die Anpassung des Habitus an das Feld, gewisse Prozesse der »Umwandlung der ursprünglichen Libido, das heißt der im häuslichen Feld konstituierten, sozialisierten Affekte, in diese oder jene Form spezifischer Libido, und zwar namentlich zugunsten der Übertragung jener Libido auf Akteure oder Institutionen, die dem neuen Feld angehören [...]« (ebd., S. 210). Bourdieu geht also davon aus, dass der »primär« innerhalb der Familie und des Milieus des Aufwachsens erworbene Habitus sich im Zuge einer beruflichen Entwicklung den institutionellen, »feldspezifischen« Anforderungen und Praxisformen anpassen muss, um dort gut funktionieren zu können.

> »Nur über eine ganze Reihe kaum spürbarer Veränderungen, halbbewußter Kompromisse, sozial bestärkter, gestützter, kanalisierter, ja organisierter psychischer Operationen (Projektion, Identifikation, Übertragung, Sublimierung usw.) und erst am Ende all jener winzigen Anpassungen, die erforderlich sind, um ›auf der Höhe zu sein‹ oder, im Gegenteil, ›zurückzustecken‹, und die mit den winzigen oder gewaltigen Umwegen einhergehen, aus denen eine soziale Laufbahn besteht, wandeln jene Dispositionen sich nach und nach in feldspezifische um« (ebd., S. 210f.).

Bezüglich der Wechselwirkungen zwischen den psychischen Voraussetzungen der Handelnden und der Logik des jeweiligen Feldes gelte »gleichermaßen«, dass zum einen »die Akteure sich der von einem Feld gebotenen Möglichkeiten zur Äußerung und Befriedigung ihrer Triebe und Wünsche, gegebenenfalls auch ihrer Neurose, bedienen« (ebd., S. 211) – während zum anderen

> »die Felder ihrerseits die Triebe der Akteure nutzen und sie zur Unterwerfung oder Sublimierung zwingen, damit sie sich den Strukturen und

> Zwecken des jeweiligen Feldes fügen. Tatsächlich lässt sich in jedem einzelnen Fall beides beobachten, wenn auch je nach Feldern und Akteuren in ungleichem Ausmaß« (ebd.).[27]

Bourdieu betont, dass aus seiner Sicht jede »Einzelform eines spezifischen Habitus – zum Beispiel der eines Künstlers, eines Schriftstellers oder eines Wissenschaftlers – als ›Kompromißbildung‹ (im Freudschen Sinn) beschrieben werden« könne (ebd.). Eine »Kompromissbildung«, so sein Rekurs auf Freud, heißt demnach, dass z. B. in einer beruflichen Habitusformation spezifische Aspekte des eigenen Verlangens und der bewussten oder unbewussten Motivation zur Geltung kommen, dass also die realen Gegebenheiten und Zwänge eines Feldes bestimmte Befriedigungen ermöglichen, während sie andere hemmen oder verhindern.

Auch die Sichtweisen auf solche Dynamiken der »Kompromissbildung«, würden, wie hier erneut hervortritt, »Habitus« und »Psyche« beinahe als Synonyme erscheinen lassen – wenn Bourdieu nicht zugleich die Analyse *sozialer Bedingtheiten und ihrer Folgen* für die in Prozessen des Wechsels eines Feldes veränderbare und sich verändernde soziale Form des Habitus betonen würde. Man könnte sagen: *Die Verknüpfungen der Perspektiven von Soziologie und Psychoanalyse werden hier zugespitzt bis hin zu Überschneidungen und Konvergenzen, ohne die Differenz aus dem Auge zu verlieren.* Notwendig ist für die Sozioanalyse mit anderen Worten eine Verbindung der soziologischen und psychoanalytischen Zugänge, auch um Zusammenhänge und Vorgänge wie diese untersuchen zu können: »Diesen doppelten Prozess, wie zum einen die Wunschregungen die Institutionen, wie zum anderen die Institutio-

27 Zu in einigen Hinsichten vergleichbaren Aussagen gelangen, der Sache nach, auch psychoanalytisch (aber nicht, wie es hier bei Bourdieu anklingt, im klassischen Sinne triebtheoretisch) orientierte Analysen der institutionellen Abwehr, z. B. von Mentzos (1988), oder der institutionsspezifischen Übertragungsprozesse in Organisationen, wie sie Kernberg (1988) vorgenommen hat (siehe dazu auch Tietel, 2003; Sievers, 2015; sowie Lohmer, Möller & Benecke, 2019).

nen die Wunschregungen bearbeiten, sollte sich eine Sozioanalyse, die wirklich den Gegensatz von Psychoanalyse und Soziologie überwinden will, zum Gegenstand nehmen.«[28] Auch mit solchen Überlegungen verdeutlicht Bourdieu, dass es sinnvoll erscheint, die mitunter noch zu glatt oder unausgeführt schematisch erscheinende Konzeption von Habitusformationen zu differenzieren, indem die psychosozialen und psychischen Dimensionen individueller Lebenspraxis genauer einbezogen werden. Zugleich bleibt festzuhalten, dass es gleichwohl nicht das Ziel ist, die Konzeption des Psychischen und des Habitus gleichsam ineinander aufgehen zu lassen. Dies würde weder der Analyse sozialer Bedingtheiten noch der Eigenlogik des Psychischen gerecht.

Die Art und Weise, in der Bourdieu diese feldspezifische Sozialisation oder »Transmutation« (ebd., S. 211) (auch) im Erwachsenenleben fasst, lässt sich jedoch durchaus auf die Konzeption des Verhältnisses von Gesellschaft und Psyche übertragen: In einem *solcherart differenzierten* Sinne »benutzt« und »verwandelt« (SF, S. 29) die »soziale Welt« die lebensgeschichtlich entwickelten, individuellen Voraussetzungen. Damit sind wichtige, wenn auch noch wenig ausgeführte Perspektiven angedeutet auch für die Vermittlung von kulturellen Wandlungen und psychischen Dispositionen, indem etwa analysiert werden kann, *wie* in einer an sozialen Wandel angepassten Lebensführung *welche* spezifischen psychischen Verarbeitungs- und Abwehrformen an Bedeutung gewinnen (King, 2011, 2021a, b).

Ein Beispiel, bei dem die Darlegung psychischer Dynamik in der Analyse des Sozialen aus Bourdieus Sicht eine besonders markante Rolle spielt, findet sich in einem im Folgenden etwas ausführlicher betrachteten Beitrag über die, wie man sagen könnte, intergenerationale Sozio- und Psycho-Logik des Aufstiegs (Bourdieu, 1997, 2000a).

---

28 »C'est le double travail du désir sur les institutions et des institutions sur le désir que devrait prendre pour objet une socioanalyse dépassant réellement l'opposition entre la psychanalyse et la sociologie« (Bourdieu im Dialog mit Maître, Maître & Bourdieu, 1994, S. XIX, Übersetzung Bernd Schwibs).

4 Habitus und Psyche im Kontext sozialer Mobilität

Sozialer Aufstieg und psychische Krisen: Einsichten der Selbstanalyse bei Bourdieu und Freud

> »Wahrscheinlich können die, die sich in der Gesellschaft ›am rechten Platz‹, befinden, sich ihren Dispositionen mehr und vollständiger überlassen oder ihnen vertrauen (darin liegt die ›Ungezwungenheit‹ von Menschen ›besserer‹ Herkunft) als die, die – etwa als soziale Auf- und Absteiger – Zwischenpositionen einnehmen; diese wiederum haben mehr Chancen, sich dessen bewußt zu werden, was sich für andere von selbst versteht, sind sie doch gezwungen, auf sich achtzugeben und schon die ›ersten Regungen‹ eines Habitus bewußt zu korrigieren, der wenig angemessen oder ganz deplazierte Verhaltensformen hervorbringen kann« (M, S. 209).

Aufstieg verlangt strukturell gewisse Anpassungen verinnerlichter Habitusformen an die neue soziale Situation und Position und erzeugt anderenfalls Friktionen. Dabei geht es allerdings nicht allein um oberflächliche Verhaltensformen oder um – aufgrund divergenter Sozialisation – anders verinnerlichte Benimmregeln, wie es das Zitat nahelegen könnte. Vielmehr sind im Kontext sozialer Mobilität oft sehr viel tiefer greifende psychische Konflikte zu beobachten (siehe auch Sennett & Cobb, 1977). Die damit potenziell verbundenen Spannungen oder Krisen unterscheiden sich in verschiedenen Feldern und Konstellationen (intersektional, mit Bezug auf gesellschaftliche Milieus, jeweilige Geschlechterverhältnisse u. a.) und lassen sich hinsichtlich der Lösungsvarianten typisieren. Die spezifischen Dynamiken, aber auch die affektive Qualität der individuellen Involviertheit, erschließen sich im Besonderen über eine zusätzliche psychoanalytische Perspektivierung. Gerade die Analyse von Aufstiegsprozessen lässt überdies deutlicher hervortreten, dass es bei der sozialen Positionierung oft um mehr als nur um feldspezifische Aktualisierung oder kanalisierende Adaptionen des Habitus geht. Vielmehr zeigt sich, dass typischerweise Wandlungen oder Umgestaltungen notwendig werden, die phasenweise oder anhaltend als leidvoll erlebt sowie sozio- und psychodynamisch mehr oder minder produktiv oder defensiv sein können.

In einem Kapitel der Studie *Das Elend der Welt* (EW) mit dem Titel »Widersprüche des Erbes« unterstreicht Bourdieu (1997, 2000a) auf besonders eindringliche Weise die Konvergenzen und Verknüpfungspotenziale zwischen seiner sozioanalytischen Methode und Betrachtungsweise, mit der er das gesellschaftlich Unbewusste und Verdrängte aufzuklären versucht, und der Psychoanalyse als einer Methode des Ringens um Aufklärung unbewusster Dynamiken. In diesem Beitrag, in dem Herausforderungen der familialen Generationenbeziehungen in modernen Gesellschaften thematisiert werden, betont Bourdieu, ähnlich wie in den oben erörterten Ausführungen der Schrift *Meditationen*:

> »Eine echte Soziogenese der konstitutiven Dimensionen des Habitus müßte versuchen zu begreifen, wie die gesellschaftliche Ordnung psychologische Prozesse abfängt, kanalisiert und verstärkt oder ihnen entgegenwirkt, je nachdem, ob zwischen den beiden Logiken Homologie, Redundanz oder Verstärkung herrscht oder im Gegenteil Widerspruch und Spannung« (Bourdieu, 2000a, S. 90).

Die »Soziogenese« bezieht sich in diesem Beitrag Bourdieus auf die Analyse intersubjektiver familialer und intrapsychischer Dynamiken »als konstitutiven Dimensionen des Habitus« am Beispiel von Konflikten zwischen Vätern und Söhnen im Kontext sozialen Aufstiegs. Bourdieu erläutert im Zuge dessen die Komplexität und innere Widersprüchlichkeit von Vater-Sohn-Beziehungen[29] bei der Weitergabe des

29 Die Analyse von Vater-Tochter-Beziehungen behielt er sich für weitere Studien vor (zur Analyse von Mutter-Tochter-Beziehungen im Kontext beruflicher Entwicklungen oder Aufstiegsdynamiken siehe z. B. Labede & Silkenbeumer, 2014, sowie Flaake, 2014, und Friedman, 2016). Eine Mutter-Sohn-Beziehung thematisiert Bourdieu im Zuge seiner Analyse von Flauberts Roman *Die Erziehung des Herzens* (1980 [1869]) (RdK, S. 19–31).

Erbes nicht allein im ökonomischen, sondern im übergreifenden sozialen Sinne. Die Logik der generationalen Weitergabe oder gar der Vermehrung des Erbes ist demnach durch das Bestreben charakterisiert, die soziale Position der Eltern aufrechtzuerhalten oder aufzusteigen, die väterlichen oder elterlichen Aufträge, deren Projekte oder Erfolge fortzuführen – oder es besser zu machen. Und schließlich entfaltet Bourdieu die damit – intergenerational und intrasubjektiv – verbundenen psychischen Konflikt- oder Krisenpotenziale:

> »Das zentrale Element des väterlichen Erbes besteht zweifellos darin, den Vater, also denjenigen, der in unseren Gesellschaften die Abstammungslinie verkörpert, fortleben zu lassen [...], seine *gesellschaftliche Position* zu perpetuieren. In vielen Fällen muß man sich hierfür vom Vater unterscheiden, ihn übertreffen und in gewissem Sinne negieren. Das geht nicht ohne Probleme vonstatten, und zwar einerseits für den Vater, der dieses mörderische Übertroffenwerden durch seinen Nachkommen gleichzeitig wünscht und fürchtet, und andererseits für den Sohn [...], der sich mit einer Mission beauftragt sieht, die ihn zu zerreißen droht [...]« (ebd., S. 83).

Denn, so Bourdieu: »Eine gelungene Erbschaft ist ein auf Befehl des Vaters vollzogener Vatermord« (ebd., S. 84). Bourdieu thematisiert hier die mit der Weitergabe – und, wie hinzuzufügen wäre: der Transformation – des Erbes konstitutiv verknüpfte Generationenspannung und die (in psychoanalytischer Begrifflichkeit: »ödipalen«) inneren Konfliktpotenziale der Vater-Sohn-Beziehung im Ringen um soziale Positionierung. Er erwähnt in diesem Beitrag dann noch verschiedene Konstellationen: unterschiedliche Milieus, Aufstieg und Abstieg oder widersprüchliche Aufträge. Im Zentrum der Analyse stehen jeweils die Folgen *innerer* Verbote und Konflikte sowie die Zerrissenheiten, die aus dem Versuch resultieren, den Vater zu übertreffen, oder – im Falle des sozialen Aufstiegs – aus dem Erfolg, der als unzulässige und gefährdende »Transgression erlebt« wird:

> »Je erfolgreicher du bist (also je mehr du den väterlichen Wunsch erfüllst, dich erfolgreich zu sehen), umso mehr scheiterst du, umso mehr

> vernichtest du deinen Vater, entfernst dich von ihm; und umgekehrt, je mehr du scheiterst, (und damit den unbewußten Wunsch des Vaters erfüllst, der niemals vollständig und im aktiven Sinne seine Verneinung wollen kann), umso erfolgreicher bist du. Als ob die Position des Vaters die Grenze verkörperte, die nicht überschritten werden darf [...]« (ebd., S. 87).

Dass Bourdieu hier auch aus eigener Erfahrung formuliert, wie vor dem Hintergrund seiner Schrift *Ein soziologischer Selbstversuch* (SV) angenommen werden kann, hat mutmaßlich die Sensibilität, aber auch die affektive Intensität befördert, mit der er diese Konstellationen pointiert. Zumindest spielten die damit verbundenen Konfliktpotenziale und das Ringen um Bewältigung, wie anhand der Analyse deutlich wird, in seinem eigenen sozialen Aufstieg eine große Rolle (ebd., S. 122ff.; siehe dazu auch die Erläuterungen zu seiner Antrittsvorlesung, SRK). Die Publikation *Ein soziologischer Selbstversuch* trägt im französischen Original den Titel *Esquisse pour une auto-analyse* – wörtlich: »Skizze« oder »Entwurf« einer *Selbstanalyse*. Diese am Beispiel der eigenen Person vollzogene »Objektivierung des Subjekts der Objektivierung, des analysierenden Subjekts, kurzum: des Forschers selbst« (Bourdieu, 2000b, S. 1, zit. n. Schultheis, 2002, S. 133), war Thema der letzten Vorlesung in der Reihe »La science de la science« am Collège de France. »Ziel« dieser Objektivierung sei es nicht gewesen, so Bourdieus Erläuterung, die »›gelebte Erfahrung‹ des erkennenden Subjekts zu erforschen, sondern vielmehr, die gesellschaftlichen Möglichkeitsbedingungen (und Grenzen) dieser Erfahrung und, noch genauer, des Aktes der Objektivierung selbst« (Bourdieu, 2000b, S. 3, zit. n. Schultheis, 2002, S. 133f.).

Bemerkenswert an dieser Form der Selbstobjektivierung als einer Basis und Form der Exemplifizierung der Sozioanalyse erscheint dabei auch, dass Freud – in seiner die *psychoanalytische* Theorie und Methode begründenden *Selbstanalyse*, die vor allem in die *Traumdeutung* (1900a) einfloss – ebenfalls die intrapsychischen Konflikte in der Beziehung zu seinem Vater auf besondere Weise herausarbeitete. Auch in diesem Gründungswerk der Freud'schen Psychoanalyse ging es in hohem Maße um Schuld- und Schamgefühle, um Zerrissenheiten und innere Konflikte des aufgestiegenen und um weiteren wissenschaftlichen Erfolg ringenden Sohnes. Und in Freuds berühmten Brief an Romain Rolland, in der er ein eigenes Symptom schilderte, das er mit inneren Konflikten wegen seines sozialen Aufstiegs in Zusammenhang brachte, schrieb er:

> »Es muß so sein, daß sich an die Befriedigung, es so weit gebracht zu haben, ein Schuldgefühl knüpft; es ist etwas dabei, was unrecht, was von alters her verboten ist [...]. Es sieht aus, als wäre das Wesentliche am Erfolg, es weiter zu bringen als der Vater, und als wäre es noch immer unerlaubt, den Vater übertreffen zu wollen« (Freud, 1936a, S. 256).

Wie sich in den oben zitierten Passagen aus »Widersprüche des Erbes« (1997, 2000a) zeigte, hat Bourdieu diese Zusammenhänge, vermutlich in Kenntnis der Freud'schen Schrift, ganz ähnlich und mit Gespür für die subjektive Dramatik formuliert. Dabei entfalten und reflektieren sowohl der soziale Aufsteiger Freud als auch der soziale Aufsteiger Bourdieu die inneren Konflikte, ohne allerdings jeweils die spezifischen sozialen oder psychischen Voraussetzungen zu analysieren: also die Bedingungen zu differenzieren, unter denen sich eine solche Zerrissenheit eher zuspitzt oder abmildert, ungelöst bleibt oder aber auch produktiv bewältigt werden könnte.

Freud bettet seine Beobachtung jedoch, über die soziologische Perspektive auf Aufstiegslogiken hinausweisend, ein in Erkenntnisse zur Bedeutung und Wirkung verdrängter Wünsche in der psychischen Entwicklung bis hin zur Symptombildung. Bourdieus Perspektive gibt weitere wichtige Hinweise: Gegenüber einer potenziell psychologisch verkürzten Sichtweise auf Entwicklung wird systematischer erhellt, dass die psychischen Dimensionen von intimen Familienbeziehungen in die gesellschaftliche Situiertheit der jeweiligen Familie eingefügt sind, etwa in die Dynamik von Aufstiegs- und Abstiegsbewegungen. So kann über das psychologische Verständnis hinaus deutlich werden, dass familiale Interaktionsmuster, Dynamiken und verinnerlichte Erfahrungen, etwa in Beziehungen zwischen Vätern oder Müttern zu Söhnen oder Töchtern, immer auch im Kontext der sozialen Situierung, der vorfindlichen oder angestrebten Positionen im sozialen Raum und einer symbolischen kulturellen Matrix von Ungleichheits-, Generationen- und Geschlechterverhältnissen zu begreifen sind. Und diese wiederum sind auf andere Weise auch in Bildungsinstitutionen wirksam und prägen Bildungsverläufe und -prozesse.

5 Weitergabe und Transformationen des Erbes – ungleiche Karrieren

> »In ausdifferenzierten Gesellschaften stellt sich die für jede Gesellschaft fundamentale Frage der *Erbfolge*, also des Umgangs mit den Eltern-Kind-Beziehungen, oder, genauer gesagt, die Frage der Sicherung des Fortbestands der Abstammungslinie und ihres Erbes im weitesten Sinne, sicherlich auf eine ganz besondere Weise. [...] Die Weitergabe des Erbes ist heute in allen gesellschaftlichen Kategorien (wenn auch nicht in gleichem Maße) vom Urteil der Bildungsinstitutionen abhängig, das wie ein brutales und machtvolles *Realitätsprinzip* funktioniert, welches aufgrund der Intensivierung der Konkurrenz für viele Mißerfolge und Enttäuschungen verantwortlich ist« (Bourdieu, 2000a, S. 83).

Im bereits zitierten Aufsatz »Widersprüche des Erbes« grenzt Bourdieu die vermittelten Mechanismen der sozialen Platzierung in »ausdifferenzierten Gesellschaften« auch von jenen traditionalen Regulationsformen ab, bei denen die soziale Position unmittelbar vererbt wird. Zugleich verweist er auf veränderte und komplexere Formen der Reproduktion von sozialen Ungleichheiten in »ausdifferenzierten Gesellschaften«. Die Möglichkeiten der Karriere hängen zum einen wesentlich vom »Urteil der Bildungsinstitutionen« ab, wobei die Arten und Weisen, in denen Bildungsinstitutionen selegieren, zu neuen und alten Disparitäten beitragen (Becker & Lauterbach, 2010; Baader & Freytag, 2017). Zum anderen – und dieser Aspekt scheint in der Bildungs- und Mobilitätsforschung weniger präzise ausgeleuchtet – verlagern sich bestimmte Momente der Reproduktion von Ungleichheiten, so wurde im vorigen Abschnitt dargelegt, stärker »nach innen«, wie Bourdieu wiederum mit Blick auf die Eltern-Kind-Dynamiken ausführte. Während also in »traditionalen« Gesellschaften die soziale Position weitgehend durch Geburt festgelegt war, wird im Zuge von Modernisierungsprozessen eine zunehmend individualisierte – und damit auch individualisierte intergenerationale und psychische – Auseinandersetzung mit dem von Bourdieu sogenannten »Erbe« des Vaters oder der Mutter notwendig. Dies gilt umso mehr im Fall von Aufstiegsmobilität oder auch im Fall von Abstieg (Schmeiser, 2003), wenn es also nicht um schlichte Reproduktion des elterlichen Erbes geht. Die Auseinandersetzung mit diesem Erbe und das Ringen um eigene Positionierungen, für die es keine vorgebahnten Wege gibt, erfordert es, teils implizit oder unbewusst, teils auch explizit und bewusst, die Spielräume der Abweichung, des Überschreitens oder des spezifisch Eigenen auszuloten.

Bourdieu unterstrich, wie sich zeigte, diese Anforderung durch affektstarke Beschreibungen – wenn er etwa von der Furcht des Vaters vor dem »mörderischen Übertroffenwerden« und von der damit einhergehenden Zerrissenheit des Sohns spricht. Er verweist auch darauf, dass diese Auseinandersetzung im Fall des Bildungsaufstiegs, also für Nachkommen von Vätern – oder, wie hinzuzufügen ist, von Müttern –, die eine »beherrschte Position« einnehmen – »und zwar entweder in ökonomischer und gesellschaftlicher Perspektive (Arbeiter, kleiner Angestellter) oder in symbolischer Perspektive (Angehöriger einer stigmatisierten Gruppe)« (Bourdieu, 2000a, S. 87) – strukturell, d.h. durch die mit Aufstiegsprozessen verbundenen Ambivalenzen, besonders gravierenden Belastungen ausgesetzt ist.

Eben dadurch entstehen neue Ungleichheitsfaktoren, wenn das Ausmaß an psychischen Verarbeitungsfähigkeiten oder »psychosozialer Kompetenz« ins Gewicht fällt. Mit anderen Worten: Die Reproduktion sozialer Ungleichheit ist dann mit darin begründet, dass Kinder aus weniger privilegierten sozialen Schichten oder stigmatisierten Milieus – auch bei gleichen Leistungen und bei gleichem Ziel – größeren psychischen, psychosozialen und emotionalen Anforderungen ausgesetzt sind, ohne dafür zwingend Unterstützung oder gar Anerkennung zu bekommen (King, 2008). Ähnliches trifft auch zu für viele Nachkommen aus Familien mit einer Migrationsgeschichte, die strukturell, um einen akademischen Beruf auszuüben, einen *auch im psychosozialen Sinne*

»steinigeren und weiteren« Weg mit sehr viel mehr gesellschaftlichen, institutionellen, aber eben auch psychosozialen Hindernissen zu durchlaufen haben als etwa Kinder aus einheimischen Akademikerfamilien. Diese Zusammenhänge müssten in einem meritokratisch orientierten Bildungssystem berücksichtigt werden, sind jedoch kaum im Selbstverständnis der Bildungsinstitutionen verankert. Umso mehr und genauer gilt es im Kontext der Mobilitäts-, Sozial- und Bildungsforschung (siehe auch Budde & Willems, 2009) die psychosozialen Facetten von Bildungsprozessen, die Krisen- und Überforderungspotenziale mit zu untersuchen – wie auch die Ressourcen und Möglichkeiten der Unterstützung, die das erfolgreiche Durchlaufen dieser im gesellschaftlichen Sinne »weiten« und hindernisreichen Bildungsaufstiege ermöglichen.

Mit dem Aufstieg verbundene Konflikte wurden in den Selbstanalysen Bourdieus und Freuds aufgegriffen und im Lichte ihrer jeweiligen Akzentuierungen mit zugleich ähnlichen Deutungen pointiert, während zugleich noch andere Varianten des Ineinandergreifens von Sozialem und Psychischem angedeutet, aber nicht genauer ausgeführt werden. Mit Blick auf die Logiken der Verknüpfung von sozialen Bedingungen und psychischen Verarbeitungsformen werden in den folgenden beiden Beispielen weitere mögliche Facetten (siehe dazu ausführlicher z. B. King, 2008) der mit Mobilität verbundenen psychischen Herausforderungen und Habituskonflikte skizziert und dabei exemplarisch sowohl das potenzielle Ringen um Zugehörigkeit als auch um Abgrenzung und Eigensinn im Verhältnis zu Herkunfts- und Ankunftskontexten veranschaulicht.

5.1 Sozio- und Psychodynamiken der Zugehörigkeit

> »In der Person Frédérics lenkt Flaubert […] die Frage darauf, was die Adoleszenz zu einem im Wortsinn *kritischen Moment* macht: ›Ins Leben treten‹,[30] wie es so schön heißt, das bedeutet, daß man akzeptiert,

30 Siehe dazu *L'Entrée dans la vie. Essai sur l'inachèvement de l'homme* (1963) von Georges Lapassade.

> an einem der gesellschaftlich anerkannten Spiele teilzunehmen und jene gleichermaßen ökonomisch wie psychologisch zu verstehende *Primärinvestition*, jene *Initialbesetzung* zu vollziehen, die bei jeder Teilnahme an einem *ernsthaften Spiel* vorausgesetzt ist« (RdK, S. 34, mit Bezug auf Gustave Flauberts Roman *Die Erziehung des Herzens*).

Die für das Erwachsenenleben vorgesehene Teilhabe am ernsthaften sozialen Spiel verlangt im Sinne Bourdieus ebenso wie das erfolgreiche Durchlaufen der Bildungsinstitutionen passförmige Dispositionen, »Besetzungen« im analytischen Sinn und mehr oder minder krisenhafte Anpassungen oder, etwa im Falle von Bildungs- oder sozialer Mobilität, auch grundlegendere psychische Umgestaltungen und Wandlungsfähigkeiten des Habitus. Dabei geht es – vor allem im Laufe der Jugend oder Adoleszenz – lebenspraktisch, sozial und psychisch auch um eine mitunter nicht nur momenthafte, sondern längere Phasen beanspruchende Auseinandersetzung mit den von der Herkunftsfamilie im konkreten, aber vor allem auch im übertragenen Sinne vererbten Ressourcen und sozialen Positionen, mit ungelösten Konflikten, Botschaften oder gar Aufträgen, wie sie Bourdieu beschrieb (2000, S. 83). Und die Art des Umgangs damit – also die Transformation oder psychische Verarbeitung des von den Eltern Weitergegebenen, in diesem Sinne die »Beziehung zum Erbe« – »wurzelt stets in der Beziehung zum Vater und zur Mutter, überdeterminierten Figuren, in denen psychische Komponenten (wie sie die Psychoanalyse beschreibt) eng mit den sozialen Komponenten (wie sie die Soziologie analysiert) verknüpft sind« (RdK, S. 31). Diese mit sozialer Mobilität verbundenen psychosozialen Facetten der Beziehung zum elterlichen Erbe sind in der Bildungs- und Mobilitätsforschung oft unterschätzt worden (siehe dazu Friedman, 2016, mit Verweis auf Goldthorpe, 1980): sei es im Fall eines *realisierten* Aufstiegs, von dem häufig angenommen wird, dass er primär positiv erfahren werde; sei es hinsichtlich dessen, dass eben die mit Mobilität potenziell verbundenen Konflikte einen Aufstieg und neue soziale Positionierungen gerade *verhindern* können.

Dabei interferieren verschiedene Faktoren wie *class*, *gender* und *ethnicity* oder familiale Migrationsgeschichte. So sind auch mit dem Ringen um Zugehörigkeit oder sozialen Aufstieg im Kontext von Migration entsprechende Herausforderungen, potenzielle Krisen, psychosoziale oder psychische Konflikte verbunden (King, Koller & Zölch, 2013; King, 2022b). Wie Mobilitäts- und Migrationsforschende betont haben, machen etwa Migrierte, Geflüchtete oder Kinder aus Familien mit Migrationsgeschichte zum einen regelmäßig die Erfahrung, auch im Falle des Bildungserfolgs nur schwer in die Positionen der »Etablierten« zu gelangen, sondern, im Sinne von Elias und Scotson (2002), offen oder subtil Außenseiterinnen und Außenseiter zu bleiben und vor allem dann unter Diskriminierung zu leiden, »when their ethnic origin is apparent and they belong to stigmatized groups« (Alba & Waters, 2011, S. 20). Zum zweiten stellen migrierte Eltern direkt oder indirekt oft hohe Erwartungen an die Schullaufbahn der Kinder. So haben Migration und das Leben in der Ankunftsgesellschaft regelmäßig schmerzliche und enttäuschende Seiten, die den Wunsch wecken, dass zumindest die nächste Generation, die eigenen Kinder, von der Migration, von der Anstrengung, Mühe oder Unterwerfung der Eltern profitieren sollen. Migration lässt sich aus dieser Sicht auch als ein – zugleich in der sozialen Realität hinsichtlich der Erfolgswahrscheinlichkeit erschwertes – »intergenerationales Erwartungsprojekt« (King, 2016) verstehen, mit komplexen bewussten und unbewussten Dynamiken von Erwartung und Enttäuschung im Generationenverhältnis. Habitustransformation, aber auch die psychische Suche nach dem eigenen Weg, stehen – zumal in der Adoleszenz – deshalb oft unter schwierigen Vorzeichen.

Dabei gibt es typische Muster des Umgangs mit diesen Herausforderungen, typische Muster der Bewältigung oder Ausdrucksformen der Überforderung, die sich biografisch auch verändern oder abwechseln können. Dazu gehören etwa *forcierte Anpassungen* oder auch *brachiale Verweigerungen und Abbrüche* eines als zu belastend empfundenen Aufstiegsprojekts. Dazu können *stellvertretende Rebellionen* als Gegenbewegung zur elterlichen Subordination oder auch als Folge unbewusster elterlicher Aufträge gehören oder aber habituelles *Hin- und Herschwanken zwischen Positionen des Erfolgs und des Scheiterns*. Dazu gehören Varianten der *Negation oder Kontrolle von Differenz* zwischen Eltern-

und Kindergeneration, zwischen Herkunfts- und Ankunftsmilieu im Bildungsaufstieg, oder aber Formen *produktiver Anverwandlung*. Und dabei verknüpfen sich – je nach Typus[31] – auf je spezifische Weise soziale und psychische Faktoren, wie im folgenden Beispiel (siehe dazu auch King, 2006b, 2008, 2020) aus einer Studie über Dynamiken des Bildungsaufstiegs, bei der biografische Interviews erhoben wurden.

Schwankende Zugehörigkeit als habituelle und psychische Kompromissbildung

Bülent ist ein 25-jähriger Student der Zahnmedizin. Sein Vater, der körperlich immer sehr hart gearbeitet hatte, ist inzwischen von schweren Krankheiten gezeichnet. Die Mutter ist Hausfrau, beide Eltern waren vor seiner Geburt aus der Türkei nach Deutschland migriert. Seine Bewältigungsversuche liegen nach einem bereits sehr krisenhaften Schulverlauf darin, dass er den drängenden Wunsch der Eltern nach einem sozialen Aufstieg des Sohns zu erfüllen sucht, ohne sich darin – sowohl aus äußeren als auch aus inneren Gründen – widerspruchsfrei wiederfinden zu können.

So ist Bülent inzwischen zwar im Studium sehr erfolgreich, während es ihm zugleich sozial und psychisch schwerzufallen scheint, gleichsam seinen Platz zu finden; er identifiziert sich sowohl mit den »Erfolgreichen« als auch mit den »Gescheiterten« und hält seine Selbstpositionierung offen. Bülent betont die Beziehungen zu Freunden, die sich in sozial randständigen Positionen befänden und denen er sich besonders nahe fühle, wobei er sich in seinem Narrativ dann auch sofort wieder abgrenzt: Denn er selbst gehöre, wie er es nennt, schließlich auch zu den »Gebildeten«. Im Vergleich zu von ihm als gebildeter erachteten Bekannten wiederum fühle er sich allzuoft als »Asi«, so seine Formulierung, allein beispielsweise aufgrund der aus seiner Sicht anspruchsvollen Filme, die diese sich anschauen. Die von Bourdieu

31 Siehe dazu ausführlicher z. B. King, Koller & Zölch (2013), Böker, King & Koller (2020) oder Tressat et al. (2015).

untersuchten milieuspezifischen Unterschiede des Geschmacks (FU) erlebt er als bedrohliche Differenzerfahrung und als beschämendes Defizit. Die ständig changierenden Wahrnehmungen und offenen Zugehörigkeitsempfindungen beschreibt er als »erschreckend« und auf eine Weise, also ob er mit seinen eigenen Wahrnehmungen gar nichts zu tun hätte, sondern ihnen ohnmächtig ausgeliefert sei:

> »Das ist immer so diese, diese Wahrnehmungswelten, die sind total verschoben, das is alles gar nich existent, es ist absolut alles ehm – relativ, es is absolut relativ. So und es ist echt erschreckend so – wenn man das so sieht so, ne«.

Wie lassen sich dieses stark betonte Erschrecken und die Verwirrungen angesichts des »absolut Relativen« verstehen? Wenn Bülent sich als »Asi« wahrnimmt, kann sich darin zunächst affektstark die Erfahrung artikulieren, dass er trotz Studienerfolgs im Bourdieu'schen Sinne habituell andere Voraussetzungen mitbringt als diejenigen »Gebildeten«, Kinder akademisch ausgebildeter Eltern, mit denen er sich vergleicht. Es kann darin die Erfahrung ausgedrückt werden, auch als Erfolgreicher aufgrund seiner Migrationsgeschichte, womöglich allein wegen seines türkischen Namens, weniger Anerkennung zu bekommen. Entwertende Zuschreibungen, etwa, wie er erzählt, als »türkischer Pascha«, mit denen er in Kindheit und Jugend regelmäßig konfrontiert gewesen sei, und das damit verbundene Erleben, für Viele seines Umfelds doch immer ein Anderer zu bleiben, haben die Verunsicherung gesteigert. Hinzu kommen die Schwierigkeiten, auch im Verhältnis zu den Eltern und zum väterlichen Auftrag, einen eigenen Weg zu finden. So fühlt er sich zur Loyalität und damit auch zum Bildungserfolg *für* den Vater verpflichtet. Die auch im Interview spürbaren Impulse, sich dagegen offen aufzulehnen, werden immer wieder von seinem schlechten Gewissen eingeholt. Sich trotz seines Erfolgs als »Asi« zu sehen, kann in dieser Hinsicht wie eine Selbstbestrafung erscheinen für die von Freud und Bourdieu beschriebene psychische Transgression beim Prozess des Aufstiegs.

Im Narrativ von Bülent deutet sich aber auch eine unbewusste passive Revolte an – nahegelegt auch gerade durch die eigentümliche passive

Form, in der er seine Wahrnehmungen von sich selbst beschreibt. Trotz allem auch ein »Gescheiterter« zu bleiben, kann insofern auch eine Art passiver, zudem für ihn selbst schmerzliche Verweigerung des Erfolgsauftrags des Vaters oder der Eltern darstellen, von deren Leidensgeschichte und damit verknüpften Erwartungen er sich mehr oder minder bewusst, aber jedenfalls in hohem Maße bedrängt fühlt. Hierzu ein weiterer Auszug aus dem Interview, der insbesondere deutlich macht, wie er sein eigenes »Großwerden« auch als ein Aufwachsen auf Kosten der Eltern erlebt hat:

> »[D]ie ham eine so große Lebensleistung vollbracht, meine Eltern beide, aber die ham dann immer nur sich untergeordnet der Kinder willen so, ham nie gelebt, man lebt dann man kriegt dann immer mit, deine Eltern, die sind kaputt de facto so mit Mitte Fünfzig so [...]. Hat man noch n schlechtes Gewissen und dann ne so weil die einfach nich gelebt haben so man is das so drin, und da sind dann auch Sachen, die nerven einen, immer so dieses, als Kind so, immer dieses schlechte Gefühl so, ich hab mein Egotrip geschoben so [...] weißt du, weil, wenn die immer dieses Opferdasein [...] jeder hat n Ego, meine Eltern ham s nie ausgebildet. Die hatten immer die ham' nie n Auto gefahrn, die sind immer weniger in Urlaub gefahrn, die ham immer anderes Essen gegessen als wir Kinder gegessen haben, wir ham immer Fleisch bekomm beispielsweise, meine Mutter sagte immer so: ja, ich mag kein Fleisch. Ne so du so so wächst man halt auf, weil die immer weil die immer gespart haben.«

In Bülents Erleben haben seine Eltern ihm und den Geschwistern »alles« gegeben, ihren Lebensgenuss und ihre Gesundheit in seiner Wahrnehmung für die Ermöglichung des Aufstiegs und »erfolgreichen Ankommens« der Kinder geopfert. Und er hat, so bringt er indirekt in seiner Darstellung zum Ausdruck, ihr »Fleisch« im überdeterminierten Sinne des Wortes mitgegessen, scheint gleichsam vom Fleisch der Eltern, auf Kosten ihres eigenen Lebens, zu leben. Die Unterordnung und das Opfer machen ihn wütend und verzweifelt zugleich: Er verurteilt ihre ausgeprägte Anpassung und möchte das Opfer zurückweisen, von dem er doch zugleich profitiert. Die elterliche Erwartung wird dadurch umso bedrängender. Die »Befriedigung, es so weit gebracht zu haben« (Freud, 1936a, S. 256) wird für ihn somit zu einem kaum erträglichen Erbe auch deshalb, weil es ihm schwerfällt, die komplexe Gefühlslage – Zorn bis zur Verachtung angesichts der krankmachenden Anpassung der Eltern im Dienste der Aufopferung für die Kinder und zugleich Wut auf den belastenden elterlichen Auftrag, aber auch schmerzliche Schuld, teils Gefühle der Überlegenheit, aber auch der Dankbarkeit – psychisch zu differenzieren.

So überlagern sich mehrere, in vielerlei Hinsichten durchaus typische Konfliktschichten. Im gesamten Interview wird deutlich, dass es (darin ähnlich den Beschreibungen Bourdieus und Freuds) dem Sohn psychisch kaum gelingt, sich davon zu lösen – trotz der von ihm manifest betonten Auflehnung gegen den Erwartungsdruck der Eltern und gegen deren Wunsch, den Sohn »erfolgreich zu sehen« (Bourdieu, 2000a, S. 87). Seine biografische »Lösung« besteht – in dieser Hinsicht anders als von Bourdieu und Freud beschrieben – darin, dass im biografischen Verlauf Auflehnung und Anpassung sich immer wieder abwechseln und er auch zum Zeitpunkt des Interviews scheinbar entgegengesetzte Identifizierungen präsentiert (siehe dazu auch Streeck, 1981).

Zusätzlich zu der Erfahrung, in der äußeren Realität weniger Anerkennung zu bekommen als Menschen ohne erkennbare Migrationsgeschichte, deutet sich an, dass seine Unentschiedenheit in der Selbstpositionierung – sein Infragestellen dessen, was er bis dahin erreicht hat – in verschiedenen Hinsichten eine Art *symptomatische Kompromissbildung* darstellt. Er hat Erfolg, bestraft sich durch Leiden und durch Zuordnung zu den von ihm sogenannten »Ungebildeten« und sieht sich doch zugleich als überlegen an im Verhältnis zu den Eltern und seinen Freunden ohne akademische Ausbildung. Über die psychische Kompromissbildung, sich schwankend sowohl mit den von ihm so genannten »Gebildeten« als auch mit den »Ungebildeten« zu identifizieren und seine widersprüchliche Selbstpositionierung kontinuierlich offen zu lassen, hält er sowohl seine Revolte gegen den Erfolgsdruck als auch seine ab und zu hervorblitzenden Triumphgefühle über den Vater vor sich selbst verborgen. So scheint er bewusst oder manifest vor allem mit seiner Verwirrung befasst, mit seiner Schwierigkeit, sich sozial zu positionieren, und immer wieder mit dem Opfer der Eltern, das er als eine in starkem Maße bindende Bürde erlebt. Unterschwellig sind wiederum, wie sich im Interview zeigt, auch aggressive Impulse spürbar und wirksam: neben den Momenten der unterschwelligen Verweigerung vor allem auch der uneingestandene Triumph und damit die unbewusste Entwertung der eigenen Herkunft, die ihn zusätzlich psychisch bindet. Wenn er die für ihn selbst ständig changierenden Differenzwahrnehmungen als so »erschreckend« betont (was ihn auch mit motiviert hat, ein Forschungsinterview zu führen), so wirkt dieses Erschrecken vor der eigenen schwankenden Wahrnehmung, vor sich selbst, im sozio- und psychodynamischen Sinne »überdeterminiert«. Nicht zuletzt scheint die Möglichkeit, ein besseres Leben zu führen als Vater und Mutter, die so viel gelitten haben, vollständig ausgeblendet. Wie Bourdieu es für seine eigene Aufstiegserfahrung schilderte, sieht sich auch Bülent, wenngleich in einer anderen Konstellation, in seinem Ringen – zwischen Aufstieg und Zurücknehmen, wie man sagen könnte – »mit einer Mission beauftragt [...], die ihn zu zerreißen droht« (2000a, S. 83).

Konzeptionell zeigt sich nicht zuletzt, dass Bülents Zugehörigkeitsdilemma nicht auf einem »Hin- und Hergerissensein zwischen zwei Kulturen« gründet, wie es Kindern aus Migrantenfamilien noch immer gerne kulturalistisch zugeschrieben wird. Vielmehr zeichnet sich eine migrations- und aufstiegstypische Konstellation ab, genauer gesagt eine Verschränkung der strukturellen, sich hinter seinem Rücken durchsetzenden ungleichheitsgenerierenden Faktoren und damit verbundenen Habitus- und psychischen Konflikte, die dem Sohn einer Arbeiterfamilie, mit aus der Türkei eingewanderten Eltern, die soziale, habituelle und eben vor allem auch psychische Anverwandlung seiner bereits erzielten Bildungserfolge und damit seine Aufstiegsmobilität zusätzlich massiv erschweren. In Relation zu Bourdieus und Freuds Selbstanalyse werden neue Facetten von habituellen und psychischen Aufstiegskonflikten respektive psychischen Lösungs- und Abwehrformen erkennbar. Und auch wenn dabei ebenfalls typische strukturelle Problemlagen und Motivkonstellationen aufscheinen, bleibt zu betonen, dass es sich keineswegs um die einzig möglichen Varianten handelt. So finden sich auch im Kontext von Migration produktive Anverwandlungen des Erbes oder auch weitere Varianten defensiver Kompromissbildungen in Relation zu Bourdieus und Freuds Beschreibungen der Sozio- und Psycho-Logik des Aufstiegs (Benzel & Uhlendorf, 2022; King, 2016; King, Koller & Zölch, 2013). Bourdieu hatte sich in der erwähnten Schrift – dem Kapitel der Studie *Das Elend der Welt* (EW) mit dem Titel »Widersprüche des Erbes« (1997, 2000a) – auf die Analyse von Vater-Sohn-Dynamiken beschränkt, im folgenden Beispiel geht es abschließend um Bildungsaufstiegskonflikte einer jungen Frau (King, 2006a).

5.2 Sozio- und Psychodynamiken des *sense of one's place*

Ein sozialer Aufstieg, zumal vermittelt über den phasenweise unsicheren, auch vom »Urteil der Bildungsinstitutionen« (Bourdieu, 2000a, S. 83) abhängigen Weg des Bildungsaufstiegs, beinhaltet, wie sich auch am Beispiel Bülents zeigte, offenkundig deutlich mehr als eine Mobilität von unten nach oben und stellt im psychosozialen Sinne größere Anforderungen als die Bewältigung der institutionell verlangten Fähigkeiten und Leistungen. Das Ringen um soziale Platzierung ist ein Prozess, bei dem äußere und innere Dispositionen, Ressourcen oder auch Blockaden ineinandergreifen. Und neben dem Herkunftskontext spielen dabei auch die symbolische Ordnung der Geschlechter, wie sie sich etwa je unterschiedlich in der Lebenssituation der Eltern zum Ausdruck bringt, sowie die entsprechenden Sozialisationserfahrungen, im Besonderen die inneren Bilder und psychischen Differenzierungsprozesse in Relation zu Mutter, Vater oder Geschwistern, eine bedeutende Rolle. Geschlechterverhältnisse werden für Töchter und Söhne teils direkt, teils indirekt auch im psychischen Sinne wirksam. Wenn beispielsweise im elterlichen Lebenskontext eine berufliche Karriere der Mütter praktisch nicht möglich war, für die Eltern konflikthaft erschien oder auch nur unterschwellig als problematisch erachtet wurde, hat es Folgen für die Art und Weise, wie die Töchter ihre eigenen Bildungsprozesse erleben. Herausforderungen des Bildungsaufstiegs sind verwoben mit den adoleszenten Umgestaltungsprozessen, die auch das genderbezogene Selbstbild betreffen können. Die durchlaufenen Wege, die phasenweise krisenhaften Entwicklungen, mitunter mit Konflikten verknüpften Positionierungen der Adoleszenten und jungen Erwachsenen haben auch bezogen auf die Faktoren Herkunft oder Geschlecht sowohl soziale als auch psychische Referenzrahmen. Dabei kann sich im Zuge eines Aufstiegsbemühens psychosozial eine neue, als konstruktiv erlebte Balance von Nähe und Distanz im Verhältnis zur Herkunft oder Herkunftsfamilie herstellen und die Grenzen des lebensgeschichtlich Erreichbaren können konstruktiv verschoben werden. Es kann aber trotz äußerer sozialer Entfernung auch innere Ungetrenntheit auf leidvolle Weise bestimmend bleiben. Im folgenden Beispiel wird illustriert, wie eine forcierte Betonung und ausgeprägte Kontrolle von Distanz oder Differenz die unbewusste Verstrickung verschleiern und ein durch Trennungsvermeidung unterschwelliges Wirksamwerden des herkunfts- und genderbezogenen *sense of one's place* geradezu fixieren kann.

Forcierte Betonung und Kontrolle von Differenz als habituelle und psychische Kompromissbildung

> [Sandra:] »Und zu meiner Freundin hab ich grad letzte Woche gesagt, es ist praktisch so, als wenn man so draußen steht, wenn man so ein Glashaus hat und da drin sitzen dann sozusagen die Eltern, Geschwister, Verwandte. Und man steht draußen und man hat irgendwie hinter sich so die Tür zugeschlagen, aber die Tür ist nicht mehr da, es ist nur noch ne Wand da, man kann nicht mehr rein. [mh] Und man sieht einfach alles noch und man denkt so: Na ja, eigentlich gehör ich ja dazu. Aber man ist, man gehört nicht mehr dazu, weil man halt ne ganz andere Ebene inzwischen erreicht hat. [ja] Und äh, man hat sich nicht mehr wirklich viel zu sagen. [mh, ja] Also, das heißt jetzt nicht, dass man sich nicht mehr liebt oder so. [mh] Es ist einfach so, es sind so zwei verschiedene Welten, die jetzt aufeinander prallen.«

Sandras Darstellung und Rede (siehe auch King, 2008) von den »zwei verschiedenen Welten«, vom »drin sitzen« und »draußen stehen«, ließe sich auf den ersten Blick als Bestätigung für den erwähnten, häufig ins Spiel gebrachten kulturalistischen und ethnisierenden Diskurs über die »zwischen den Welten hin- und hergerissenen Migrantenkinder« lesen. Doch Sandra hat keinen Migrationshintergrund, zudem lässt eine genaue Analyse dieser Äußerungen andere Aspekte hervortreten. Sie ist die erste in der Familie, die Abitur gemacht hat und deren Bildungsweg nach ihren Schilderungen von der gesamten Verwandtschaft, insbesondere aber auch von der Mutter, mit Argwohn und Pessimismus betrachtet wird. Bei der Entscheidung für das Studienfach ließ sich Sandra wiederum von den Ratschlägen der Familie leiten, was sie bereits bereute und mehrfach erfolglos zu revidieren suchte. Zum Zeitpunkt des Interviews möchte sie erneut ihr Studienfach wechseln, wodurch sie sich bewusst einen Neubeginn erhofft, während doch auch Momente der Wiederholung und Stagnation darin sehr deutlich werden.

Im Vergleich zu Bülent findet sich manifest eine stärkere Betonung von Differenz und scheinbar eindeutigere Distanz im Verhältnis zur Herkunftsfamilie: Zwischen Sandra und ihren Eltern, Geschwistern, Verwandten sei die Tür zugeschlagen, vor sich sieht sie eine gläserne Wand, die sie voneinander trenne. Folgt man Sandras eigener Metaphorik, dann sehen und lieben sie sich zwar noch, doch sind sie getrennt und ohne Möglichkeit der Kommunikation. Genauer: Sandra, im unpersönlichen »man« enthalten, »steht draußen« und »hat« so ein Glashaus. Ihre narrative Perspektivierung legt zusammen mit der »anderen Ebene«, von der sie spricht, nahe, dass sie von ihrer anderen Ebene auf Eltern und Familie im durchsichtigen Glashaus schaut. Sie hat sie genau im Blick und damit auch unter Kontrolle. Sie und die anderen haben sich nichts zu sagen, aber Sandra sieht, was sie tun. Zu diesem eher stummen Bild steht die Redewendung vom »Aufeinanderprallen der Welten« in eigentümlichem Gegensatz. Die darin angedeutete Explosivität oder Aggression bleiben tonlos im Bild einer unverrückbaren, gläsernen und perfekt kontrollierten Szene, für sie selbst nicht bewusst zugänglich. Was hier, jenseits ihrer eigenen Intention, zum Ausdruck kommen kann, scheint zunächst ein Wunsch nach *gesicherter* Abgrenzung von den Eltern durch *Kontrolle der anderen* zu sein. Doch wenn die Kontrolle nicht aufgegeben werden kann, wird Abgrenzung zwangsläufig unterlaufen.

Was sich in diesem kleinen Abschnitt mikro-logisch andeutet, wird durch die umfassendere biografische Analyse bestätigt. Denn es zeigte sich, wie sie immer wieder neu um ersehnte, aber nicht-vollzogene Abgrenzung kreist; wie sie verzweifelt bemüht ist, Auswege, eine »Tür« aus ihrer faktischen Verstrickung zu finden. Zwar konnte Sandra den Besuch des Gymnasiums und die Entscheidung für ein Studium trotz erheblicher Bedenken gerade auch der Mutter durchsetzen; in der Auswahl des Fachs folgte sie indes dem Wunsch der Eltern – mit dem Ergebnis, dass sie zwischenzeitlich mehrere Studiengänge abgebrochen hat, bei denen sie jeweils die elterlichen Vorstellungen übernommen hatte. Anstelle eines individuierenden Bildungsprozesses in der Adoleszenz hält Sandra auf andere Weise als Bülent an einem symptomatischen Kompromiss fest. Sie macht scheinbar immer von neuem, was sie will, um dann dieses Wollen mit dem Wunsch der Eltern zu füllen, der im nächsten Schritt wieder negiert werden muss.

Inzwischen hat Sandra im vielfachen Durchlaufen dieses für sie quälenden Zirkels das Gefühl, im Verhältnis zu den Eltern im konkreten Sinne einen riesigen Schuldenberg aufgehäuft zu haben durch die, aus elterlicher, aber eben auch aus ihrer eigenen Sicht, vergeudete Studienzeit. Sie leidet daran, diese Schuld durch einen erfolgreichen Abschluss nicht einlösen zu können. Immer neu beginnt sie etwas, das sie doch nicht will und daher auch nicht abschließen kann. Die Skepsis der Herkunftsfamilie und der von ihr häufig erwähnten »Verwandtschaft«, die wie ein Chor in der griechischen Tragödie im Hintergrund ihr Tun zu kommentieren und den von Bourdieu beschriebenen *sense of one's place* anzumahnen scheint, heftet sich sowohl an das Geschlecht als auch an die Herkunft: Es kann nicht gut gehen, wiederholt dieser Chor, wenn die junge Frau sich an der Universität versucht, so die geteilte Überzeugung in ihrem Herkunftsumfeld. Sandras Sehnsucht nach Anerkennung durch die Eltern und nach ermutigender Unterstützung durch die Mutter, die sie ebenfalls nicht aufgeben kann, bleiben unerfüllt. Durch ihre unterschwellige Trennungsvermeidung bestätigt

Sandra die Negativerwartung, dass es ohnehin nichts bringen könne, wenn eine Tochter aus »einfachen Verhältnissen« sich auf einen so riskanten Weg, auf ein universitäres Studium einlässt, in diesem Sinne den *sense of one's place* verloren zu haben scheint.

Teils ähnlich wie bei Bülent ist Sandras Weg gezeichnet von psychischen Krisen und Habituskonflikten in Verbindung mit dem Wechsel der Felder und Milieus durch Bildungsaufstieg und potenzielle soziale Neupositionierung und Mobilität. Psychodynamisch betrachtet, ringt sie ebenfalls mit dem Wunsch und der immer neu enttäuschten Sehnsucht, gesehen und anerkannt zu werden – bei Sandra stärker artikuliert in Richtung des Herkunftsmilieus und geprägt von ihrer offenkundig vergeblichen Hoffnung, dass die Mutter, die Eltern und Verwandten ihre Leistungen endlich würdigen sollten, bei Bülent manifest stärker auf die nicht-migrantische Umgebung bezogen, die seine besonderen Leistungen zu wenig sehen kann. Ähnlich wie bei Bülent sind ihre latenten Trennungsängste, ihr unterschwelliges Festhalten an Ungetrenntheit und damit verknüpfte Verstrickungen auch bei ihr umso schwerer zu lösen durch den Impetus der triumphierenden Überlegenheit, des Herabschauens, der sie vermutlich auch schützen soll vor den entwertenden Zuschreibungen durch die Herkunftsfamilie und Verwandtschaft. Noch bevor sie sich ansatzweise von der Herkunft und den primären Bindungen der Kindheit lösen kann und einen eigenen Bildungsweg realisieren würde, wird sie so schon von ihrem mehrfach determinierten Schuldgefühl eingeholt und auch damit immer wieder neu der familial nahegelegte »*Sinn für Grenzen*« (FU, S. 734) fixiert.

5.3 Zur Analyse von Habitus und Psyche im Kontext von Aufstiegsdynamiken

Beim Vergleich von Sandras Beispiel mit Bülent oder den Schilderungen von Bourdieu und Freuds Aufstiegsanalysen zeigen sich insofern Gemeinsamkeiten, aber auch neue Facetten möglicher Verarbeitungs- und Abwehrformen. Bourdieu und Freud betonen für ihre eigene Lebensgeschichte und ihren sozialen Aufstieg vor allem das Leiden am

Erfolg, da die Überwindung der familialen, habituellen und psychischen Grenze als schmerzlich erlebt wird. Der im Äußeren erreichte Erfolg kann in dem Maße psychisch nicht anverwandelt werden, wie er, so ihre Deutung, immer wieder vom Schuldgefühl verdunkelt wird, es weiter gebracht zu haben als der Vater. Konstellationen wie diejenigen in Bülents und Sandras Geschichte verdeutlichen, wie ähnliche Mechanismen den möglichen Erfolg auch *schon im Vorfeld verhindern* oder *immer neu gefährden* können.

Im Verhältnis zu Bourdieus teils eher schematisch wirkenden Konzeptionen der Habitusbildung weisen diese Analysen der exemplarisch knapp skizzierten Aufstiegsdynamiken darauf hin, dass es weiterführen kann, wenn nicht einfach deterministisch die Verinnerlichung milieu- oder geschlechtsspezifischer Erfahrungen im Verlauf des Aufwachsens vorausgesetzt wird. Vielmehr sind auch Krisen- und Konflikterfahrungen, Dysfunktionen und lebensgeschichtliche Wandlungen des Habituellen dezidiert einzubeziehen, wofür es ebenfalls Anknüpfungen bei Bourdieu gibt und wozu gerade die Vermittlungen der Analyse des Sozialen und des Psychischen – sowohl konzeptionell als auch methodologisch – besonderen Aufschluss bieten.

Anhand der knapp ausgeführten Skizzen lassen sich exemplarisch sowohl Unterschiede als auch Konvergenzen, Vermittlungsmöglichkeiten und Desiderate von Sozio- und Psychoanalyse festhalten: Aus der *psychoanalytischen* Perspektive können die psychischen Mechanismen, die psychischen Folgen und Bedeutungen von Beziehungserfahrungen, von Identifizierungen, Konflikten und Affekten, die Verarbeitungs- und Abwehrprozesse sowie unbewusste Kompromissbildungen präzisiert werden. Die *soziologische* Perspektive bettet diese Dynamiken in spezifische gesellschaftliche Bedingungskonstellationen ein: Sind die Spielräume, Hindernisse und psychischen Verarbeitungsmöglichkeiten, mit denen es Söhne und Töchter im Verhältnis zu Vätern und Müttern zu tun haben (und umgekehrt) zwar hochspezifisch, so weisen sie doch auch über die jeweilige idiosynkratische Familie und ihre je besondere Geschichte hinaus. *Sie enthalten ein soziologisch und historisch bestimmbares Allgemeines, das zugleich, in vermittelter Form, psychisch wirksam ist.* Im Verhältnis zu einer potenziell soziologistisch verengten

Sichtweise wird deutlich, dass es eines Einbezugs der intersubjektiven und intrapsychischen Konfliktkonstellationen und damit verknüpften Affekte bedarf, um etwa die Wirkungs- und Reproduktionsweisen sozialer Ungleichheiten in ihrer Reichweite, Dramatik und Intensität – auch im Kontext sozialen Aufstiegs – präzise zu erfassen. So könnten die Potenziale der Vermittlung von Psycho- und Sozioanalyse auch in theoretischer und konzeptioneller Hinsicht in vielen Bereichen noch differenzierter ausgeschöpft werden – insbesondere unter der Bedingung eines methodologischen Primats der Reflexivität, das bei Bourdieu herausragende Bedeutung hat. Beispielsweise ist auch im Kontext der Ungleichheitsforschung relevant, wie die Forschenden selbst in den Gegenstand involviert sind, den sie untersuchen, von welcher kollektiv geteilten epistemischen Unbewusstheit sie im Sinne Bourdieus im jeweiligen akademischen Feld geprägt sind, und welche impliziten Folgen diese Involviertheit für ihre Herangehensweise und Schlussfolgerungen hat. Es geht um die Fragen, wie sie ihren Blick und ihre Erkenntnisfähigkeit beeinflusst und wodurch, durch welche reflexiven Einsichten in die typischen blinden Flecken, die Analyse methodologisch an Freiheitsgraden gewinnen kann.

6 Wie können wir wissen?

Erkenntnis und Methodologie bei Bourdieu

In Bourdieus Sichtweisen auf die Relationen von Gesellschaft und Individuum und in seinem Konzept der Sozioanalyse treten, wie aus unterschiedlichen Perspektiven beschrieben wurde, insbesondere zwei Linien in den Vordergrund: zum einen seine mit dem Habituskonzept, bei aller Kritik, zugleich auch weitreichend und subtil ausdifferenzierte »Herrschaftssoziologie« (Schultheis, 2002, S. 140) und soziologische Analyse der Einpassung der Subjekte in Macht- und Ungleichheitsverhältnisse, zum anderen seine im Folgenden genauer zu beleuchtende, dynamische Perspektive auf soziologische Bedingungen von Erkenntnis, die er als *Reflexivität* bezeichnete.

> »Bei einer näheren Auseinandersetzung mit dem Werk Pierre Bourdieus fällt auf, wie stark er sich von Beginn an um soziologische Reflexivität bemüht. Wie ein roter Faden zieht sie sich von den frühesten Schriften [...] bis zu den großen Studien [...]« (ebd., S. 136).

Von einer »Psychoanalyse des Sozialen« (FU, S. 31) kann in *epistemologischer* Hinsicht vor allem aufgrund dieser grundsätzlichen Orientierung Bourdieus an der *Analyse der Hindernisse* von Erkenntnis als *Zugang zu Erkenntnissen* gesprochen werden. Denn wie er immer wieder betonte, muss um soziologische Erkenntnis immer aufs Neue gerungen werden, indem die prozessuale Involviertheit der Forschenden in die untersuchten Gegenstandsbereiche systematisch berücksichtigt wird.

> »Zu kritischer Reflexivität veranlaßt nicht eine rein theoretische, sich selbst genügende Absicht; vielmehr wird sie in Gang gesetzt von zwei

> durch Erfahrung bekräftigten Überzeugungen: erstens der, daß die schlimmsten Irrtümer oder Illusionen humanwissenschaftlichen Denkens […], insbesondere die Auffassung vom Handelnden als einem bewußt, rational und selbstbestimmt agierenden Individuum (oder ›Subjekt‹), auf den gesellschaftlichen Voraussetzungen der Produktion des humanwissenschaftlichen Diskurses beruhen […]; und zweitens der Überzeugung, daß es möglich ist, über die sozialen Bedingungen des Denkens so nachzudenken, dass das Denken eine wirkliche *Freiheit* gegenüber diesen Bedingungen gewinnt« (M, S. 151f.).

Die Betonung des möglichen Zugewinns an »Freiheit« im Denken über das Soziale sticht hier besonders ins Auge. Denn während im Zusammenhang mit Bourdieus Habituskonzeption und dem Stellenwert des Habitus für die Reproduktion gesellschaftlicher Verhältnisse immer wieder kritisiert wurde, dass dabei die Determiniertheit mehr Aufmerksamkeit erfahre als die Möglichkeiten von Autonomisierung oder der Entstehung des Neuen, rücken mit Bourdieus Konzept der Reflexivität die *Veränderungspotenziale* stärker in den Blick. Veränderung und, wie man sagen könnte, eine Erweiterung der Spielräume für Erkennen, für relative Autonomisierung im Verhältnis zu den Bedingungen des Denkens, können allerdings nur in dem Maße gelingen, wie auch die sozialen Zwänge und sozialisatorischen Prägungen in ihrer Reichweite und Wirkungskraft analysiert werden. Denn die Idee der Reflexivität resultiert auch aus der Einsicht, dass die Erkenntnisfähigkeiten der sozialen wie der wissenschaftlichen Akteurinnen und Akteure geprägt und limitiert sind von den sozio-kulturellen Voraussetzungen, Verhältnissen und Ungleichheiten (Chakkarath, 2021; King & Subow, 2013), in denen sie sozialisiert wurden und in denen sie sich bewegen. Und die Reflexion und Analyse der gesellschaftlichen Bedingtheit von Erkenntnis spitzt Bourdieu zu, indem er die »Frage nach der gesellschaftlichen Bedingtheit des Erkenntnissubjektes« (Schultheis, 2002, S. 133) mit ins Zentrum rückt. Die Sozioanalyse von Machtverhältnissen und die erkenntnistheoretische Perspektive sind daher ineinander verwoben und ergänzen sich wechselseitig: »Bourdieus ›Kritik der Urteilskraft‹ und seine Kritik gesellschaftlicher Verhältnisse gehen […] Hand in Hand, das Unternehmen eines soziologischen Kantianismus nimmt die Umrisse einer Herrschaftssoziologie an« (ebd., S. 140).

Wie sich bereits andeutete, fasst Bourdieu den Begriff der Reflexivität, der auch in anderen Ansätzen eine Rolle spielt (Wacquant, 1996, S. 66ff.), in einem zugleich spezifischen und weitgehenden Sinne. So stellt in Bourdieus Perspektive Reflexivität gewissermaßen ein Scharnier dar im Versuch einer Überwindung der von ihm vielfach kritisierten Polarisierungen von Theorie und Methodologie: Er fordert für die *Begriffsbildung* einer reflexiven Soziologie eine systematische Exploration der »ungedachten Denkkategorien« ein, »die das Denkbare wie das Gedachte vorab bestimmen und begrenzen« (SRK, S. 51). In Hinblick auf epistemologische und methodologische Fragen ergibt sich die Schlussfolgerung, dass

> »in einer Erfahrungswissenschaft [...] die bloße Aufforderung zur empirischen Überprüfung so lange eine Tautologie [bleibt], wie sie nicht einhergeht mit einer Darlegung der theoretischen Vorannahmen, auf denen die Prüfung an der Erfahrung basiert, wie auch diese Darlegung so lange heuristisch wertlos bleibt, wie sie nicht einhergeht mit einer Darlegung der Erkenntnishindernisse, die sich in jeder wissenschaftlichen Praxis in je eigener Form zeigen« (SaB, S. 14).

Erst eine systematische Analyse der Hindernisse gegen Erkenntnis kann weiterführenden Aufschluss über den Gegenstand geben. Um welche Widerstände und Hindernisse es dabei gehen kann, wird insbesondere deutlich, wenn Bourdieu die sowohl im Kontext von Theoriebildung als auch empirischer Forschung bedeutsame Konstruktion des Forschungsgegenstands diskutiert. Er bezeichnet die Konstruktion des Gegenstands als »wohl wichtigsten und dennoch, vor allem in der herrschenden Tradition, vollkommen ausgeblendeten Vorgang, der sich je nach Struktur mehr dem einen oder mehr dem anderen Pol des Gegensatzes von ›Theorie‹ und ›Methodologie‹ zuordnen lässt« (RA, S. 258). Auch hier liegt die Akzentuierung in der *Dynamisierung*, insofern Bourdieu betont, dass durch die Konstruktion der Objekte, wie sie etwa über das Forschungsdesign erfolgt, eine bestimmte Relation von

Erkennbarem und Unerkennbarem hervorgebracht wird. Soziologische Forschung sollte daher immer gerahmt sein von einer genauen Analyse der feldspezifischen Bedingungen und sozialisatorischen Hintergründe für Motivlagen, Themenwahl und Objektkonstruktion respektive für theoretische wie methodische Zugänge. Bourdieu nennt diese Analyse auch »*teilnehmende Objektivierung*« (ebd., S. 287; siehe dazu auch AS, S. 417ff.). Diese sei

> »wahrscheinlich die schwierigste Übung überhaupt, weil sie den Bruch mit den tiefsten und am wenigsten bewussten Einverständigkeiten und Überzeugungen erfordert – oft gerade mit denjenigen, die das untersuchte Objekt für den, der es untersucht, ›interessant‹ machen –, mit all dem, was er von seinem Bezug zu dem Objekt, das er erkennen möchte, am wenigsten wissen will« (RA, S. 287).

Quellen dieses Nicht-wissen-Wollens oder -Könnens siedelt Bourdieu auf verschiedenen Ebenen an (King, 2004): Zunächst sei für Soziologinnen und Soziologen »die Vertrautheit mit der sozialen Welt« ein primäres »Erkenntnishindernis« (SaB, S. 15), gleichsam die »Seinsverbundenheit des Wissens« im Sinne von Mannheim (1970, S. 227). Von der »Illusion einer unmittelbaren Erkenntnis« (SaB, S. 273) müsse sich die Sozialwissenschaft immer wieder lösen. Darauf habe, wie eingangs ausgeführt, bereits Marx aufmerksam gemacht, indem er auf die vom »›Willen unabhängige[n] Verhältnisse‹« verwies, aber auch Max Weber, »wenn er davor warnt, den Sinn sozialen Handelns auf die subjektiven Absichten der Handelnden zu reduzieren«, ebenso »Durkheim, der vom Soziologen fordert, in die soziale Welt wie in eine fremde Welt einzudringen« (SaB, S. 18). Eine Quelle von Erkenntnishindernissen liege, so führt Bourdieu auch mit Blick auf die soziologische Ausbildung aus, überdies in

> »sozialen Ängsten, sozialen Phantasmen; so daß es oft schwierig ist, öffentlich ein kritisches Urteil auszusprechen, das zwar die akademischen Praktiken betrifft, in Wirklichkeit aber an jene ganz tief verwurzelten Dispositionen rührt, die ganz eng mit der gesellschaftlichen Herkunft,

> dem Geschlecht und auch dem ausgewiesenen (Schul-)Bildungsgrad zusammenhängen« (RA, S. 285).

Erkenntnishindernisse können zugleich aus der Involviertheit der Forschenden in den universitären Institutionen und akademischen Kontexten resultieren, wie es Bourdieu vor allem in seiner Studie *Homo academicus* (HA) herausgearbeitet hat. Auch die Sichtweisen derjenigen, die die gesellschaftlichen Verhältnisse analysieren, sind »wie die aller kultureller Produzenten immer auch durch ihre Stellung in einem Feld bedingt, in dem sich alle zumindest teilweise relational definieren, nämlich über ihren Unterschied und ihre Distanz zu bestimmten anderen, mit denen sie konkurrieren« (RA, S. 67). Und der »intellektualistische bias« könne zugleich dazu führen, dass durch theoretische Konstruktionen die Besonderheiten der sozialen Praxis *als Praxis* gerade verkannt werden (ebd.).

In einigen Hinsichten konvergieren diese Überlegungen auch mit den Phänomenbeschreibungen und Begründungen von Störungen im Erkennen, wie sie aus ethnopsychoanalytischer Sicht und mit Blick auf Gegenübertragungsprozesse auch bereits Georges Devereux (1967) in seiner Schrift *Angst und Methode in den Verhaltenswissenschaften* ausführte. Nach Devereux seien wissenschaftliche Erkenntnisse zudem mit Blick auf die jeweilige »Persönlichkeitsstruktur« der Forschenden zu reflektieren und »zu der strukturellen und funktionellen Komplexität ihres eigenen kulturellen Hintergrunds und der Kultur, die sie untersucht haben, in Beziehung zu setzen« (ebd., S. 66). In Relation zu Devereux akzentuierte Bourdieu vor allem die gesellschaftlichen Bedingtheiten der im Forschungsprozess wirksamen oder erzeugten blinden Flecken.

Bourdieu gelangt zu dem Schluss, dass »niemand [...] die soziale Welt so sehen [möchte], wie sie ist«. Es gebe entsprechend »viele Arten, sie zu verleugnen«, von denen sich einige auch innerhalb der Soziologie wiederfänden (SaB, S. 282), während umgekehrt die soziologische Kompetenz sich darin ausdrücke, den sozialen Tatsachen möglichst frei von Illusionen ins Auge zu sehen. *Homo academicus* ist in Bourdieus Verständnis insofern zugleich ein Beispiel möglicher reflexiver, desillusionierender Selbstaufklärung. Und da es sich hierbei um eine Selbstanalyse der Funktionsweisen der eigenen beruflichen Felder und wissenschaftlichen Institutionen handele, sei die mit der Untersuchung bzw. der »Objektivierung« verbundene Arbeit »immer auch eine Arbeit – im psychoanalytischen Sinne – über das Subjekt der Objektivierung« (RA, S. 95). »Reflexivität« wird also konzeptionell auch mit dem psychoanalytischen Begriff von psychischer Arbeit bzw. des »Durcharbeitens« von Widerständen im psychoanalytischen Sinne assoziiert (Freud, 1914g).

Gegenstand, Ziel und Subjekt der Reflexivität – des reflexiven Durcharbeitens – lassen sich so wie folgt zusammenfassen: Gegenstand der Reflexivität sei »das in die wissenschaftlichen Werkzeuge und Operationen eingegangene *soziale und intellektuelle Unbewusste*« (RA, S. 63); »Subjekt der Reflexivität« sei das »Feld der Sozialwissenschaften« selbst (ebd., S. 69). Reflexivität muss insofern institutionalisiert werden: »in den Mechanismen des Feldes [...] und in den Einstellungen der Akteure« (Bourdieu, 1993, S. 373). Ziel soziologischer Reflexivität sei es, die Bedingungen der Möglichkeit von Wissen immer wieder praktisch herzustellen (RA, S. 63). Denn erst ein »Fortschritt in der Erkenntnis der Notwendigkeit«, der vielfach undurchschaut wirksamen Zwänge und der unbewussten sozialen Determinationen, ermögliche einen »Fortschritt in der *möglichen* Freiheit« (SF, S. 44). Die grundlegende epistemologische Haltung deckt sich in diesem Sinne mit der *psychoanalytischen* Erkenntnismethode und ihrer regulativen Idee des »Durcharbeitens«, zugleich betont Bourdieu die spezifisch *soziologisch* aufzuschlüsselnden und zu analysierenden Bestimmungsgründe der Abwehr von Erkenntnis.

7 Erweiterungen der Reflexivität

In Bourdieus Verständnis von Soziologie als Sozioanalyse lassen sich somit bedeutsame methodologische und konzeptionelle Analogien und Bezüge zur Psychoanalyse aufzeigen. In diesem Sinne wurden

- *erstens* die methodologische Orientierung und Konzeption von Soziologie als einer Wissenschaft ausgeführt, die sich, so Bourdieus Formulierung in Anlehnung an Bachelard (1965 [1938]), mit dem »Verborgenen« und Nicht-Bewussten befasst, mit (aus sozialen Gründen) Ausgeblendetem. Damit in Zusammenhang steht
- *zweitens* die Konstruktion des Habitus, bei dem Bourdieu (hierin, aber nicht im Ganzen, analog dem »Psychischen« in der Psychoanalyse) sowohl von einer Prägung durch Vergangenheit, einer im Habitus verkörperten Präsenz des Vergangenen, als auch von einem dabei verinnerlichten impliziten Wissen oder nicht-bewussten, inkorporierten Automatismen sowie von dynamisch unbewussten (verdrängten, abgewehrten) »Anteilen« ausgeht. Was Freud als Konstituens des Subjekts akzentuiert – dass das »Ich« aufgrund der unbewussten psychischen Dynamik »nicht einmal Herr ist im eigenen Hause« (Freud, 1916–1917a [1915–1917], S. 295) –, entfaltet Bourdieu in einem soziologischen Sinne für das Konzept des Habitus: Der »Habitus ist die sozialisierte Subjektivität« (RA, S. 159), das »inkorporierte Soziale« (ebd., S. 161), insofern nicht bewusst verfügbar oder willkürlich ohne Weiteres zu verändern:[32] »Die sozialen Akteure sind das Produkt der Geschichte,

32 Entsprechend knüpft Bourdieu an Freuds vielzitierte Äußerung über die großen narzisstischen Kränkungen der Menschheit an: »Den drei ›narzißti-

der Geschichte des ganzen sozialen Feldes und der im Laufe eines bestimmten Lebenswegs in einem bestimmten Umfeld akkumulierten Erfahrung« (ebd., S. 170). Der damit verbundene »Determinismus« komme »nur im Schutze der Unbewußtheit voll zum Tragen« (ebd.).

- *Drittens* heißt dies wiederum: Ein veränderter Umgang »mit den eigenen Dispositionen ist nur um den Preis einer ständigen, systematischen Aufklärungsarbeit möglich«, durch eine »Analyse dieser subtilen, über die Dispositionen wirkenden Determinierungen«, die eben dadurch determinieren, dass sie unbewusst wirksam sind, gleichsam im Sinne eines »unbewussten Agierens der Dispositionen« (ebd., S. 171). Ziel der Sozioanalyse ist insofern gerade die Aufklärung über Determinationen durch reflexive Analyse. Entsprechend wurde die zentrale Bedeutung von Reflexivität in Bourdieus methodologischem Selbstverständnis erörtert. Insbesondere in epistemologischer Hinsicht, so wurde hervorgehoben, entspricht Bourdieus soziologischer Aufklärungsimpetus in zentralen Hinsichten demjenigen des psychologischen Aufklärers Freud: Beide haben das Ziel, die Bedingungen der Möglichkeit von Erkenntnis herauszuarbeiten, und betonen die Notwendigkeit, dafür *zunächst die Hindernisse, die Bestimmungsgründe für Widerstände und (kollektive, feldspezifische, intersubjektive oder individuelle) Genealogien der Abwehr von Erkenntnis* zu analysieren.

Entsprechend sind in Bourdieus Werk bereits produktive Verknüpfungsansätze und -bestrebungen erkennbar, bei denen er immer wieder auf psychoanalytische Konzepte und Epistemologie Bezug nimmt. Wie betont wurde, geht es Bourdieu – wenn »Soziologie und Psychoana-

---

schen Kränkungen‹, von denen Freud gesprochen hat, denjenigen also, die der Menschheit von Kopernikus, Darwin und Freud selber zugefügt wurden, wäre noch die hinzuzufügen, die uns die Soziologie antut« (RA, S. 167). Bourdieu erklärt damit, dass sein Konzept des Habitus etwa »bei manchen Intellektuellen und selbst bei den Soziologen […] auf derart ablehnende und manchmal geradezu wütende Reaktionen gestoßen ist« (ebd.).

lyse […] sich zusammentun [sollten]« (M, S. 212) oder von ihm in Beziehung gesetzt werden – stets um die Dynamik des Gesellschaftlichen. Dabei kommt auch Bourdieus Konstruktion nicht umhin, die Subjektkonstitution in Form des Habitus mitzudenken – während Freud, aber auch zeitgenössische psychoanalytische Ansätze, sich nicht allein mit Psychodynamik im engeren Sinne, sondern auch mit kulturanalytischen Fragen[33] befassen und somit auch die Dynamik des Gesellschaftlichen berücksichtigen oder einbeziehen wollen. In Bezug auf herrschaftssoziologische Fragen, wie sich Machtverhältnisse und Ungleichheiten reproduzieren, analysiert Bourdieu – vermittelt über die Habitusformationen – die gesellschaftlichen Bedingtheiten der Akte des Ausblendens oder der Illusionsbildung in Prozessen der Vergesellschaftung und Anpassung. Aber auch um Auswirkungen sozialer Konditionen und Prägungen fassen zu können, bedarf es einer Vorstellung von individueller Dynamik. Andernfalls würde die Analyse der Sozialisierung, würde die Analyse der Mechanismen der »Interiorisierung« »äußerer« sozialer Erfahrung im jeweiligen Habitus gleichsam in der Luft hängen. Insofern thematisiert Bourdieu die Dynamik des Psychischen ansatzweise im Kontext des Habitus, teils in enger Anlehnung an psychoanalytische Begrifflichkeiten, teils eher schematisch oder allgemein. Bourdieu greift zudem psychoanalytische Konzepte auf, indem er sie begrifflich soziologisch zu wenden sucht: Er bettet sie ein, wie am Beispiel der Vater-Sohn-Beziehung im Kontext von Aufstiegskonflikten geschildert wurde, in eine Betrachtung der gesellschaftlichen

33 Ein Beitrag zur Analyse von Gesellschaft und ein Zugang Freuds bestand, teils implizit, auch im Entwurf einer psychoanalytischen Anthropologie (siehe dazu z.B. Gast & Körner, 1999), von der aus er die Bedingungen, Potenziale und im Besonderen auch die *Konflikthaftigkeit und möglichen Hindernisse* menschlicher Fähigkeiten etwa zu Kooperation und Zivilisation, zu Liebe und Arbeit, zu Autonomie und friedlichem Zusammenleben, zu Sublimierung und kultureller Produktivität untersuchte (siehe dazu auch Nassehi, 2021, S. 12ff.). Bourdieus und Wacquants Analysen einer *Reflexiven Anthropologie* teilen aus soziologischer Perspektive das Freud'sche Erkenntnisinteresse, eben jene Faktoren und Mechanismen zu erfassen, die im weiteren Sinne Vernunft und Aufklärung unterminieren (siehe auch Brunner, 2001).

Dynamik, die die psychische Dynamik rahmt und in vermittelter Form, zugleich mit Macht, wirksam ist.

Damit ergeben sich aus Bourdieus Werk – bei allen von verschiedenen Seiten konstatierten oder kritisierten Grenzen seiner Konzeptionen – teils explizit, teils implizit wichtige Hinweise für soziologische und für weitere sozialpsychologische Perspektivierungen des Verhältnisses von Gesellschaft, Individuum und Psyche, die noch stärker an einer produktiven Integration sozio- und psychoanalytischer Perspektiven auszurichten sind.

So verdeutlicht die Auseinandersetzung mit Bourdieus sozioanalytischem Ansatz, dass eine differenzierte reflexive Analyse des Verhältnisses von Individuum und Gesellschaft eines systematischen Verständnisses der individuellen Gewordenheit und somit auch einer dynamischen Konzeption des Psychischen bedarf, um die Vielschichtigkeit von Motiven und Bedeutungen sozialen Handelns und Urteilens angemessen fassen zu können. Dafür erscheint in einigen Hinsichten eine präzisere Sichtweise auf die Genese und Dynamik individueller Dispositionen notwendig, als es ein mitunter schematisch angewandtes Habituskonzept zulässt.

Das Verhältnis von Habitus und Psyche ist systematischer zu fassen: Die Prozesse der Verinnerlichung und Inkorporierung im Kontext der Habitusbildung können – mit Bezug auf psychische Entwicklung und Dynamik – genauer beschrieben werden, etwa hinsichtlich der Bedeutung von Identifizierungen, von zentralen Beziehungen, Emotionen und Qualitäten von Interaktionserfahrungen auch im Prozess des Aufwachsens. Ebenso sind die Relationen und Überlagerungen zwischen den verschiedenen Ebenen der Konzepte von Unbewusstheit noch präziser zu markieren und zu differenzieren: die Abgrenzungen und Zusammenhänge zwischen der »Unbewusstheit« der sozialen Ordnungen (als gleichsam historisch sedimentierten Strukturen) und den individuell verinnerlichten, präreflexiv abrufbaren Automatismen sowie dem dynamisch Unbewussten.

Hinsichtlich der Logik der Vermittlungen lässt dabei auch Bourdieu keinen Zweifel daran, dass es im Zuge des Einbezugs psychoanalytischer Perspektiven nicht um einen psychologisierenden Zugang zu Gesellschaftlichem geht und schon gar nicht um einen pathologisierenden. Die Erforschung des Verhältnisses von Individuum und Gesellschaft zielt auch nicht auf eine Metatheorie des Sozialen, die Gesellschafts- und Psycho-Analyse unmittelbar und eindimensional zu verknüpfen suchen würde. Soziale Dynamiken folgen einer eigenen Logik und sind nicht auf Psychisches zu reduzieren. Ebenso wenig ist, wie betont wurde, die Logik des Psychischen eindimensional aus sozialen Bedingungen »ableitbar« – ein wesentlicher Punkt, der bei Bourdieu teils berücksichtigt wird, teils auch in einem schematisch-soziologistisch verkürzten Habituskonzept zu verschwinden droht.

So zeigt sich eine grundlegende, nicht zu unterschätzende theoretische und methodische Herausforderung darin, genau dem gerecht zu werden: dass Individuen einerseits sozial konstitutiert sind *und* andererseits das Psychische nicht etwa einer schlicht von der Makro- zur Mikroebene hin unilinear deklinierbaren Logik folgt. Entsprechend sind Individuen konsequent hinsichtlich dieser sozialen Konstituiertheit und im Bedingungsgefüge von Gesellschaft zu betrachten, ohne wiederum das Verständnis des Psychischen durch einfache Übertragungen gesellschaftlicher Veränderungen auf seelische Prozesse zu vereinfachen. Und doch ist das eine nicht unabhängig vom anderen. Es bedarf – überdies zugeschnitten auf den jeweiligen Gegenstandsbereich – angemessen vermittelnder Zugänge, um dieser Komplexität gerecht zu werden.

7.1 Psychischer und habitueller Wandel in Gegenwartsdiagnosen

Dass eine Ausdifferenzierung von Gesellschaftsanalyse in Richtung einer theoretischen Präzisierung und empirischen Erforschung psychischer Verarbeitungsformen, Dispositionen und Dynamiken notwendig erscheint, zeigt sich gegenstandsbezogen auch im Kontext von Gegenwartsdiagnosen. So konvergieren unterschiedliche Ansätze der Beschreibung zeitgenössischer kapitalistischer Gesellschaften, allgemein formuliert, in einer Diagnose der individualisierten Anpassungs-, Optimierungs- und Flexibilisierungszwänge (siehe z.B. Bröckling, 2021; Röcke, 2021; Rosa, 2005, 2018; Reckwitz, 2019). Entsprechend hoch sei der Druck auf die Individuen, unter Bedingungen beschleunigten sozialen Wandels und zugleich persistierender oder zunehmender sozialer Ungleichheiten die Lebensführung – in scheinbar eigener Regie, einer Art »erzwungener Autonomie« – effizient und leistungsorientiert, kompetent und flexibel zu gestalten und zu optimieren (siehe z.B. Gerisch et al., 2021; King, Gerisch & Rosa, 2021; Busch, 2021; Schreiber, 2021; Straub, 2019, 2021). Die Illusion der Eigenregie wird, zumal in der »digitalen Gesellschaft« (Nassehi, 2019), durch ihre spezifisch personalisierten Adressierungen nahegelegt und gehegt, auch wenn sie noch so fiktiv ist (Nassehi, 2019, 2021; King et al., 2021; Staab, 2019; Zuboff, 2018). In Bourdieus Terminologie könnte man sagen: Fortwährende Spannungen, vielfältige Friktionen und Widersprüche zwischen Flexibilisierungsdruck und Dispositionen, Konflikte zwischen feldspezifischen Anforderungen und Habitus, aber auch zwischen Autonomienormen und praktischer Heteronomie, zwischen Individualitätsanspruch und digitaler »Massenprägung« sind unvermeidliche Folgen.

Aktuelle Entwicklungen und Analysen legen zudem eine Art »Normalisierung« von Überforderungserfahrungen nahe (King et al., 2018; Fuchs et al., 2018; Nassehi, 2021). Dies zeichnet sich umso mehr ab im Zuge der Vervielfältigung von Krisen und zunehmender Ungewissheit in der Zukunftserwartung, etwa angesichts ungelöster internationaler und ökologischer Krisen (Bröckling, 2020, King, 2021a), die auch den Optimierungslogiken, den Anpassungs- und Flexibilitätsanforderungen neue Ausrichtungen, Formen oder Inhalte verleihen und absehbar noch deutlicher verleihen werden. Die individuellen psychischen Dispositionen, die Relationen von Habitus und Psyche, müssen damit – sowohl lebenspraktisch als auch soziologisch-analytisch – umso stärker ins Zentrum des Interesses rücken.

In der raschen Vervielfältigung und Überlagerung multipler Krisen drängt sich mit einer gewissen Zwangsläufigkeit das bis dahin Latente (auch im Sinne von Parsons, 1972; siehe dazu Nassehi, 2021), drängen sich die (auch im Sinne Durkheims, 1977) nicht-bewussten oder unbewussten Voraussetzungen des gesellschaftlichen Funktionierens teils in verzerrter Form ins Bewusstsein, während kulturell gestützte Abwehrmuster im sozialpsychologisch-psychoanalytischen Sinne (siehe dazu z. B. King, 2021b) ihre Funktion oder Gestalt verändern. Dabei können sich festgefügte Habitualisierungen umso rascher als dysfunktional erweisen. Neue Varianten sozialer Erschütterungen, psychischer Konflikte oder Krisen und auch überindividuelle destruktive oder regressive Bewältigungsformen werden wahrscheinlicher, wenn die etablierten Logiken und kulturellen Muster scheinbar endloser Steigerung und Grenzüberschreitung in Teilen disruptiv umgestellt werden müssen.

Für die Analyse des Sozialen stellt sich somit die Herausforderung, etwa zu untersuchen, wie und aufgrund welcher Habitusformationen und psychischen Dispositionen spezifische Aspekte gegenwärtiger gesellschaftlicher Bedingungen und Veränderungen wahrgenommen, aufgegriffen, verarbeitet und beispielsweise in differierenden und zugleich typisierbaren Varianten von Lebensführung, kulturellen Mustern und sozialen Praktiken zum Ausdruck gebracht werden. Es geht dabei um eine Sicht auf »Umwandlungen«, wie sie Bourdieu mit Bezug auf die Spannung von Habitus und Feld, genauer gesagt: auf die »komplexe Beziehung zwischen einem sozial konstitutierten Habitus und einem historisch konstruierten Feld« (MSR, S. 127) erörtert hat und die darüber hinaus für das Verständnis sozialen Wandels instruktiv sind. Eben um entsprechende Anpassungsprozesse fassen zu können, bedarf es auch einer differenzierten Analyse der individuellen Strukturen und Mechanismen. Dann lässt sich beispielsweise rekonstruieren, wie Veränderungen der Lebenspraxis sich mit psychischen Bedürfnissen und Dispositionen verbinden und gerade dadurch adaptiert und subjektiv bedeutsam werden (King, 2013). Die soziologische Analyse kann insofern durch die differenzierte Berücksichtigung des Psychischen umso mehr an Gehalt und Aussagekraft gewinnen – wie es sich bei Bourdieu immer wieder andeutet und, wie beschrieben, in einigen Schriften explizit und mit Nachdruck ausgeführt ist, aber noch prägnanter und systematischer weitergeführt werden muss. Komplementär kann die Psychoanalyse, wie vielfach betont wurde, durch soziologische Erkenntnisse ihre Sichtweisen verfeinern. Dies gilt sowohl für die Analyse von

Anpassung, Unterwerfung und destruktiven Entwicklungen als auch für Autonomiepotenziale und das Verständnis von *Kreativität,* für die Analyse der *Relationen von Reproduktion, Wiederholungszwängen und der Entstehung des Neuen, etwa im Kontext »symbolischer Revolution«.*

7.2 Sozioanalytisches »Durcharbeiten« und Entstehung des Neuen

Bourdieu beschreibt am Beispiel des Erschaffens eines Werks, auf welche Weise Neues (»ein Theorem, eine neue Art zu malen usw.«, MSR, S. 127) in der sozialen, künstlerischen oder wissenschaftlichen Praxis immer »in der Beziehung zwischen [...] Habitus und [...] Feld erfunden werden« müsse (ebd.). Dies bedeutet mit anderen Worten, dass Emergenz auch auf einer reflexiven Neugestaltung bis dahin unbewusst konstellierter und inkorporierter Praxis inklusive der darin enthaltenen Zwänge beruhen kann. Hinsichtlich der mit ihnen potenziell verknüpften Wiederholungslogiken verweist Bourdieu erneut auf die »berühmte Formel von Durkheim: Wenn das Unbewußte die Geschichte ist, dann ist die wahre Geschichte die Geschichte des historisch Unbewußten« (ebd., S. 94). Betont wird damit die vielschichtige Prägung durch die Vergangenheit, durch den »Menschen der Vergangenheit«, der gleichsam »in uns verwurzelt« ist (Durkheim, 1977, S. 16, zit. n. MSR, S. 94, Anm. 12), als eine sowohl gesellschaftliche als auch individuell lebensgeschichtliche. Praktische Neugestaltung oder gar »symbolische Revolution« vollzieht sich insofern zwar auch mental, ist aber nicht umfassend intentional steuerbar. Neues entsteht demnach durch das Ringen um das, was Bourdieu »Objektivierung« nennt, ein Vorgang, bei dem gleichsam das Sein schrittweise der Nicht-Bewusstheit oder der einfachen Wiederholung entrissen wird, wie es beispielsweise die Sicht auf Manets künstlerische Entwicklung nahelegt:

> »Manet entwickelt sich mit der Zeit, weil er sucht, und was er sucht, das ist er selbst. Er ist auf der Suche nach sich selbst, er findet sich

> nach und nach und findet sich vermittels der von ihm hervorgebrachten Objektivierungen seiner selbst. Ein Hegelsches Thema: Sprache, zumal geschriebener Sprache ist eigen, die Dinge zu entäußern, sie zu objektivieren, sie läßt das Subjekt sich der Realität entäußern, mit der es eins war. Manet wußte etwas zu schaffen, aber er wußte nicht, was er schuf, und die Objektivierung hat die Eigenschaft, dem Subjekt zurückzuspiegeln, was es ist. Anhand der aufeinanderfolgenden Objektivierungen, die er vollzieht, und der Reaktionen der anderen darauf [...] macht Manet Fortschritte in der Meisterung seiner selbst [...]« (MSR, S. 354).

Reflexivität bedeutet im Besonderen – auch über das spezifische Feld des Künstlerischen hinaus[34] –, mit Blick auf die Spuren des Vergangenen, in der Gegenwart weiterhin Wirksamen, zu analysieren, »was die Werke oder die Handlungen verbergen, indem sie es zeigen« (ebd., S. 94). Und zu untersuchen, was Handlungen, praktische Konfigurationen, Interaktionen oder Sprechweisen verhüllen können, indem sie »zeigen«, ist wiederum ein zentrales Motiv und Gegenstand der psychoanalytischen Erkenntnis (siehe auch Reiche, 2011). Diese richtet sich auf unbewusste Bedeutungen oder Auswirkungen von »tief verwurzelten Dispositionen« (RA, S. 285) gerade auch an der »Oberfläche« der Erscheinungen (Reiche, 2011, S. 309). Psychoanalytisch orientierte Reflexivität kann in diesem Sinne dem »Verborgenen« in den Oberflächenphänomenen der sozialen Praxis sowohl mit Blick auf die individuelle Dynamik von verdrängtem Unbewussten als auch in

34 Casanova (2015, S. 881) betont die Gemeinsamkeiten von Bourdieu mit Manet hinsichtlich des Ringens um eine grundlegende reflexive Neuerung, um eine weitgreifende »Arbeit an der Form« (P. Bourdieu & M.C. Bourdieu, 2015, S. 816) im jeweiligen Kontext und Feld. Sie interpretiert Bourdieus Analyse von Manets »symbolischer Revolution« auch als eine implizite, »subtile [...] Art und Weise, ein Selbstporträt neuen Stils zu entwerfen« (Casanova, 2015, S. 881). Mit Charle (2015) teilt sie überdies die Annahme, dass die Arbeit über Manet in etlichen Hinsichten ein »›Zwilling‹ [...] des Werks über Flaubert« sei. In Anspielung auf Flauberts berühmtes Zitat über *Emma Bovary* pointiert Casanova: »›Manet, das bin ich‹, sagt er, ohne es direkt auszusprechen, zwischen all diesen Zeilen« (ebd., S. 886).

Wechselwirkung mit kulturell habitualisiertem Nicht-Bewussten auf die Spur zu kommen versuchen. Und die in dieser Weise verfeinerte soziologische Arbeit an der Objektivierung, einer »Arbeit [...] im psychoanalytischen Sinne« (RA, S. 95), kann unter Umständen auch einem »Durcharbeiten« (Freud, 1914g) von festgefügten Sichtweisen, Mustern und Wiederholungszwängen entsprechen – eine der konzeptionell und praktisch immer wieder unterschätzten Voraussetzungen für potenzielle Neuerungen oder die Emergenz von »Noch-nicht-Bewusstem«. Sozioanalytische Reflexivität lässt sich in dieser Hinsicht erweitern und differenzieren.

In *methodologischer Hinsicht* sind insofern die Orientierung an der von Bourdieu sogenannten Objektivierung der Erkenntnissubjekte und die reflexive Analyse der sozialen Prägungen und Zwänge von zentraler Bedeutung. Wie ausgeführt wurde, versteht Bourdieu eine reflexive Analyse der Erkenntnishindernisse als unhintergehbare Bedingung für die Sozialforschung und Theoriebildung. Die »Sozioanalyse« sei »ein höchst machtvolles Instrument der Selbstanalyse« (RuA, S. 223). Diese könne, indem sie die Hindernisse der Erkenntnis auslotet, »indem sie das in die Institutionen wie in uns selber eingegangene *gesellschaftliche* Unbewußte zutage fördert, ein Mittel an die Hand geben, uns von diesem Unbewußten zu befreien, das unsere Praktiken steuert oder beherrscht« (RA, S. 80). Hinsichtlich des Verhältnisses von Sozio- und Psychoanalyse geht es bei diesem Begriff des Unbewussten zunächst also um das *gesellschaftlich* Bedingte und Ausgeblendete und dessen wissenschaftliche Reflexion. Zugleich wurde aufgezeigt, dass – wenngleich vielfach aus der Rezeption ausgeblendet – Bourdieus dynamischer Begriff von Sozioanalyse und sein aufklärerisches Verständnis von Erkenntnis des Sozialen, in dessen Zentrum die Analyse der Hindernisse und des Verdrängten steht, grundlegende Entsprechungen im Verhältnis zur psychoanalytischen Erkenntnismethode aufweist und zugleich im Lichte derselben um die Analyse der im engeren Sinne *psychischen* Dimensionen von Reflexivität zu erweitern und zu vertiefen ist.

Hierin liegt ein zentrales, über Bourdieus Perspektivierung deutlich werdendes Vermittlungspotenzial der Analyse des Sozialen und Psychischen – nämlich in dem Bemühen um eine reflexive dynamische Analyse des Ausgeblendeten sowie der Mechanismen von Ausblendung und Verleugnung, von Abwehr und Verdrängung in ihren unterschiedlichen Bedeutungen, die sie auf der Ebene des Psychischen oder Gesellschaftlichen gewinnen. Dazu gehört wiederum die Analyse auch des sozialen oder psychischen »Gewinns«, der Gratifikationen der Anpassung in allen Varianten von Machtverhältnissen, die Analyse dessen, was – oft genug jenseits des subjektiven Selbstverständnisses – Unterwerfung unter die Zwangsmomente des Gesellschaftlichen bis hin zur Affirmation derselben aus der Perspektive der Subjekte begünstigt.

Die dynamische Analyse des systematisch Ausgeblendeten hatte etwa Douglas (1992 [1981]) als das Spezifische für Bourdieus Werk, als seine »Methode« (ebd., S. 163) bezeichnet. Methodologisch könnte man – eben gerade darin ähnlich einem zentralen Verständnis von Psychoanalyse – auch von einem *Primat der Methode der Reflexivität* gegenüber theoretischen Vorannahmen oder Subsumptionen sprechen: Es ginge dann sowohl bei der Analyse des Sozialen als auch des Psychischen eben nicht als Erstes um die »Anwendung« und schon gar nicht um additive Verknüpfungen von Theorien, sondern vorrangig um eine solche dynamische Perspektive der Erkenntnis. Gerade über ein »Primat der Reflexivität« lassen sich gegenstandsbezogen Voraussetzungen für Vermittlungen zwischen der Analyse des Gesellschaftlichen und des vergesellschafteten, psychisch differenzierten Individuums erarbeiten. Eine potenziell emanzipatorische »Dialektik der Aufklärung« liegt dann darin, über die Analyse der sozialen und psychischen Dynamiken von systematischen Ausblendungen, innerer Unfreiheit und je typischen Verstrickungen auch Determinismen und Wiederholungszwänge partiell überwinden und somit die Sicht auf neue Wege individueller und sozialer Praxis besser freilegen zu können.

Literatur

Zitierte zentrale Werke Bourdieus – Liste der Abkürzungen

AS: Bourdieu, P. (2010). *Algerische Skizzen*. Berlin: Suhrkamp.

EW: Bourdieu, P. (1997). *Das Elend der Welt. Zeugnisse und Diagnosen alltäglichen Leidens an der Gesellschaft*. Konstanz: UVK Universitätsverlag.

FU: Bourdieu, P. (1987). *Die feinen Unterschiede. Kritik der gesellschaftlichen Urteilskraft*. Frankfurt a. M.: Suhrkamp.

HA: Bourdieu, P. (1988). *Homo academicus*. Frankfurt a. M.: Suhrkamp.

M: Bourdieu, P. (2001). *Meditationen. Zur Kritik der scholastischen Vernunft*. Frankfurt a. M.: Suhrkamp.

MH: Bourdieu, P. (2005). *Die männliche Herrschaft*. Frankfurt a. M.: Suhrkamp.

MSR: Bourdieu, P. (2015). *Manet. Eine symbolische Revolution. Vorlesungen am Collège de France 1998–2000*. Berlin: Suhrkamp.

RA: Bourdieu, P. & Wacquant, L. (1996). *Reflexive Anthropologie*. Frankfurt a. M.: Suhrkamp.

RdK: Bourdieu, P. (2001). *Die Regeln der Kunst. Genese und Struktur des literarischen Feldes*. Frankfurt a. M.: Suhrkamp.

RuA: Bourdieu, P. (1992). *Rede und Antwort*. Frankfurt a. M.: Suhrkamp.

SaB: Bourdieu, P., Chamboderon, J.-C. & Passeron, J.-C. (1991). *Soziologie als Beruf*. Berlin: de Gruyter.

SF: Bourdieu, P. (1993). *Soziologische Fragen. Wissenschaftstheoretische Voraussetzungen soziologischer Erkenntnis*. Frankfurt a. M.: Suhrkamp.

SRK: Bourdieu, P. (1985). *Sozialer Raum und »Klassen«. Leçon sur la leçon*. Frankfurt a. M.: Suhrkamp.

SoSi: Bourdieu, P. (1993). *Sozialer Sinn. Kritik der theoretischen Vernunft*. Frankfurt a. M.: Suhrkamp.

SV: Bourdieu, P. (2002). *Ein soziologischer Selbstversuch*. Frankfurt a. M.: Suhrkamp.

Weitere Literaturverweise

Aarseth, H. (2016). Eros in the Field? Bourdieu's Double Account of Socialized Desire. *Sociological Review, 64*(1), 93–109.

Aarseth, H., Layton, L. & Bjerrum Nielsen, H. (2016). Conflicts in the Habitus: The Emotional Work of Becoming Modern. *Sociological Review, 64*(1), 148–165.

Adorno, T.W. (1946). Die revidierte Psychoanalyse. In ders., *Gesammelte Schriften. Band 8: Soziologische Schriften I* (S. 20–41). Frankfurt a.M.: Suhrkamp.

Adorno, T.W. (1966). Postscriptum. In ders., *Gesammelte Schriften. Band 8: Soziologische Schriften I* (S. 86–92). Frankfurt a.M.: Suhrkamp.

Adorno, T.W., Frenkel-Brunswik, E., Levinson, D.J. & Nevitt Sanford, R. (1950). *The Authoritarian Personality.* New York: Harper & Brothers.

Alba, R. & Waters, M.C. (2011). Dimensions of Second-Generation Incorporation. In dies. (Hrsg.), *The Next Generation. Immigrant Youth in a Comparative Perspective* (S. 1–30). New York: New York University Press.

Altmeyer, M., Gerisch, B., Streeck, U., Weiß, H. & Will, H. (2019). Gibt es Fortschritt in der Psychoanalyse? *Forum der Psychoanalyse, 35*, 273–296.

Baader, M.S. & Freytag, T. (Hrsg.). (2017). *Bildung und Ungleichheit in Deutschland.* Wiesbaden: Springer VS.

Bachelard, G. (1965 [1938]). *La formation de l'esprit scientifique, contribution à une psychanalyse de la connaissance objective.* Paris: Librairie philosophique J. Vrin.

Barlösius, E. (2006). *Pierre Bourdieu.* Frankfurt a.M.: Campus.

Becker, R. & Lauterbach, W. (Hrsg.). (2010). *Bildung als Privileg. Erklärungen und Befunde zu den Ursachen der Bildungsungleichheit* (4. Aufl.). Wiesbaden: Springer VS.

Belgrad, J., Göhrlich, B., König, H.D. & Schmid Noerr, G. (Hrsg.). (1988). *Zur Idee einer psychoanalytischen Sozialforschung. Dimensionen szenischen Verstehens.* Frankfurt a.M.: S. Fischer.

Benzecry, C.E. (2018). Habitus and beyond. Standing on the shoulder of a giant looking at the seams. In T. Medvetz & J.J. Sallaz (Hrsg.), *Oxford Handbook of Pierre Bourdieu* (S. 537–559). Oxford: Oxford University Press.

Benzel, S. & Uhlendorf, N. (2022). Upward Social Mobility through Education in German-Iranian Biographies. A Psychosocial Perspective on Intergenerational Dynamics during Adolescence. *Gesellschaft – Individuum – Sozialisation (GISo). Zeitschrift für Sozialisationsforschung*, 3(1). https://doi.org/10.26043/GISo.2022.5.2

Bion, W. (1992 [1962]). *Lernen durch Erfahrung.* Frankfurt a.M.: Suhrkamp.

Bloch, E. (1985 [1954]. *Das Prinzip Hoffnung* [3 Bände]. Frankfurt a.M.: Suhrkamp.

Böker, K., King, V. & Koller, H.-C. (2020). Elterliche Migrationserfahrung – adoleszente Entwicklung und Bildung. Zur generationalen Dynamik in Migrantenfamilien. In D. Zimmermann, M. Wininger & U. Finger-Trescher (Hrsg.), *Migration, Flucht und Wandel (Jahrbuch für Psychoanalytische Pädagogik 27)* (S. 63–87). Gießen: Psychosozial-Verlag.

Bohleber, W. (2013a) (Hrsg.). *Das Unbewusste. Metamorphosen eines Kernkonzepts. Psyche – Z Psychoanal, 67*(9/10).

Bohleber, W. (2013b). Der psychoanalytische Begriff des Unbewussten und seine Entwicklung (Editorial). *Psyche – Z Psychoanal, 67*(9/10), 807–816.

Bollas, C. (2011). *Die unendliche Frage. Zur Bedeutung des freien Assoziierens.* Frankfurt a. M.: Brandes & Apsel.

Bollas, C. (2014). *Der Schatten des Objekts: Das ungedachte Bekannte: Zur Psychoanalyse der frühen Entwicklung.* Stuttgart: Klett Cotta.

Bonß, W. (1982). *Die Einübung des Tatsachenblicks.* Frankfurt a. M.: Suhrkamp.

Bourdieu, P. (1993). Narzisstische Reflexivität und wissenschaftliche Reflexivität. In E. Berg & M. Fuchs (Hrsg.), *Kultur, soziale Praxis, Text. Die Krise der ethnographischen Repräsentation* (S. 365–374). Frankfurt a. M.: Suhrkamp.

Bourdieu, P. (1997). *Méditations pascaliennes.* Paris: Éditions du Seuil.

Bourdieu, P. (2000a). Das väterliche Erbe. Probleme der Vater-Sohn-Beziehung. In H. Bosse & V. King (Hrsg.), *Männlichkeitsentwürfe. Wandlungen und Widerstände im Geschlechterverhältnis* (S. 83–91). Frankfurt a. M.: Campus. [Wiederabdruck des Beitrags von Bourdieu mit dem Titel »Widersprüche des Erbes« aus ders., *Das Elend der Welt* (EW), S. 651–658].

Bourdieu, P. (2000b). L'objectivité participante. Vortrag anlässlich der Verleihung der Huxley-Medal, London, 6. Dezember 2000 [zit. n. Schultheis, 2002].

Bourdieu, P. (2001). Vortrag im »Laboratoire de changement social, université Paris 7« zum Thema »Histoire de vie et choix théoriques« [zit. n. Gaulejac, 2008].

Bourdieu, P. & Bourdieu, M. C. (2015). Manet, der Häresiarch. Entstehung der Felder der Kunst und der Kritik (Unvollendetes Manuskript). In P. Bourdieu, *Manet. Eine symbolische Revolution* (S. 649–879). Berlin: Suhrkamp.

Brede, K. (1972). *Sozioanalyse psychosomatischer Störungen. Zum Verhältnis von Soziologie und psychosomatischer Medizin.* Königstein: Athenäum.

Bröckling, U. (2020). Optimierung, Preparedness, Priorisierung. Soziologische Bemerkungen zu drei Schlüsselbegriffen der Gegenwart. Ein Essay. *Soziopolis.* https://www.soziopolis.de/optimierung-preparedness-priorisierung.html (24.07.2022).

Bröckling, U. (2021). Das Subjekt auf dem Marktplatz, das Subjekt als ein Marktplatz. In V. King, B. Gerisch & H. Rosa (Hrsg.), *Lost in Perfection. Zur Optimierung von Gesellschaft und Psyche* (S. 43–61). Berlin: Suhrkamp.

Brumlik, M. (2006). Charakter, Habitus und Emotion oder die Möglichkeit von Erziehung? Zu einer Leerstelle im Werk Pierre Bourdieus. In B. Friebertshäuser, M. Rieger-Ladich & L. Wigger (Hrsg.), *Reflexive Erziehungswissenschaft* (S. 143–156). Wiesbaden: Springer VS.

Brunner, J. (2001). *Psyche und Macht. Freud politisch lesen*. Stuttgart: Klett-Cotta.

Budde, J. & Willems, K. (Hrsg.). (2009). *Bildung als sozialer Prozess. Heterogenitäten, Interaktionen, Ungleichheiten.* Weinheim: Juventa.

Busch, H.-J. (1987). Subjektgeschichte als Sozialisationsgeschichte. In J. Belgrad, B. Görlich, H. D. König & G. Schmid Noerr (Hrsg.), *Zur Idee einer psychoanalytischen Sozialforschung* (S. 69–97). Frankfurt a. M.: S. Fischer.

Busch, K. (2021). *Optimierung in der Adoleszenz. Eine fallrekonstruktive Analyse gegenwärtiger Formen des Erwachsenwerdens.* Wiesbaden: Springer VS.

Casanova, P. (2015). Selbstporträt als freier Künstler oder »Ich weiß nicht, warum ich mich da hineingemischt habe«. In P. Bourdieu, *Manet. Eine symbolische Revolution* (S. 881–886). Berlin: Suhrkamp.

Chakkarath, P. (2021). Der dunkle Kontinent. Kolonialisierung und Dekolonialisierung der Psyche und der Psychologie. *psychosozial, 165*(3), 75–85.

Charle, C. (2015). Opus infinitum. Genese und Struktur eines unvollendeten Werks. In P. Bourdieu, *Manet. Eine symbolische Revolution* (S. 627–647). Berlin: Suhrkamp.

Dahmer, H. (1980). Auf dem Weg zu einer analytischen Sozialpsychologie. Nachwort des Herausgebers. In ders. (Hrsg.), *Analytische Sozialpsychologie. Band 2* (S. 663–710). Frankfurt a. M.: Suhrkamp.

Dahmer, H. (1982). *Libido und Gesellschaft. Studien über Freud und die Freudsche Linke.* Frankfurt a. M.: Suhrkamp.

Dahmer, H. (Hrsg.). (2013). *Analytische Sozialpsychologie* [2 Bände]. Gießen: Psychosozial-Verlag.

Darmon, M. (2016). Bourdieu and Psychoanalysis: An Empirical and Textual Study of a Pas de Deux. *Sociological Review, 64*(1), 110–128.

Dausien, B. (2007). Reflexivität, Vertrauen, Professionalität. Was Studierende in einer gemeinsamen Praxis qualitativer Forschung lernen können. *Forum Qualitative Sozialforschung, 8*(1). http://nbn-resolving.de/urn:nbn:de:0114-fqs0701D4Da3 (05.05.2022).

Devereux, G. (1967). *Angst und Methode in den Verhaltenswissenschaften*. Frankfurt a. M.: Suhrkamp.

Dörr, M., Schmid Noerr, G. & Würker, A. (Hrsg.). (2022). *Zwang und Utopie – das Potenzial des Unbewussten. Zum 100. Geburtstag von Alfred Lorenzer*. Weinheim: Beltz.

Douglas, M. (1992 [1981]). »Good Taste: Review of Pierre Bourdieu, ›La distinction‹« (*Times Literary Supplement,* 13. Februar). In P. Bourdieu & L. Wacquant (1992), *An Invitation to Reflexive Sociology* (S. 163–169). Chicago: University of Chicago Press.

Durkheim, E. (1961). *Die Regeln der soziologischen Methode.* Neuwied, Berlin: Luchterhand.

Durkheim, E. (1977). *Die Entwicklung der Pädagogik.* Weinheim: Beltz.

Elias, N. & Scotson, N. (2002). *Etablierte und Außenseiter.* Frankfurt a. M.: Suhrkamp.

El-Mafaalani, A. & Wirtz, S. (2011). Wie viel Psychologie steckt im Habitusbegriff? Pierre Bourdieu und die »verstehende Psychologie«. *Journal für Psychologie, 19*(1). http://www.journal-fuer-psychologie.de/index.php/jfp/article/view/22/94 (05.08.2022).

Erdheim, M. (2013). Gesellschaftlich Unbewusstes, Macht und Herrschaft. *Psyche – Z Psychoanal, 67*(9–10), 1023–1050.

Fassin, D. (2019). Der lange Atem der Kritik. *WestEnd. Zeitschrift für Sozialforschung, 16*(1), 3–32.

Flaake, K. (2014). *Neue Mütter – neue Väter. Eine empirische Studie zu veränderten Geschlechterbeziehungen in Familien.* Gießen: Psychosozial-Verlag.

Flaubert, G. (1980 [1869]). *Die Erziehung des Herzens.* Zürich: Diogenes.

Flick, S. (2013). *Leben durcharbeiten: Selbstsorge in entgrenzten Arbeitsverhältnissen.* Frankfurt a. M.: Campus.

Foucault, M. (1977). *Der Wille zum Wissen.* Frankfurt a. M.: Suhrkamp.

Foucault, M. (1999). *Die Malerei von Manet.* Berlin: Merve.

Fourny, J.-F. (2000). Bourdieu's Uneasy Psychoanalysis. *SubStance, 29*(3), 103–112.

Freud, S. (1900a). *Die Traumdeutung. GW II/III.*

Freud, S. (1905e). Bruchstück einer Hysterie-Analyse. *GW V*, S. 161–286.

Freud, S. (1909c [1908]). Der Familienroman der Neurotiker. *GW VII*, S. 227–231.

Freud, S. (1914g). Weitere Ratschläge zur Technik der Psychoanalyse: II. Erinnern, Wiederholen und Durcharbeiten. *GW X*, S. 125–136.

Freud, S. (1916–1917a [1915–1917]). *Vorlesungen zur Einführung in die Psychoanalyse. GW XI.*

Freud, S. (1936a). Brief an Romain Rolland (Eine Erinnerungsstörung auf der Akropolis). *GW XVI*, S. 250–257.

Friebertshäuser, B., Rieger-Ladich, M. & Wigger, L. (Hrsg.). (2006). Reflexive Erziehungswissenschaft. Stichworte zu einem Programm. In dies. (Hrsg.), *Reflexive Erziehungswissenschaft* (S. 9–19). Wiesbaden: Springer VS.

Friedman, S. (2016). Habitus Clivé and the Emotional Imprint of Social Mobility. *Sociological Review, 64*(1), 129–147.

Fromm, E. (1989 [1936]). Studien über Autorität und Familie. Sozialpsychologischer Teil. In ders., *Gesamtausgabe. Band 1* (S. 139–187). München: dtv.

Gast, L. & Körner, J. (Hrsg.). (1999). *Psychoanalytische Anthropologie II. Ödipales Denken in der Psychoanalyse.* Tübingen: edition diskord.

de Gaulejac, V. (2008). La sociologie clinique entre psychanalyse et socioanalyse. *SociologieS.* http://sociologies.revues.org/1713 (05.08.2022).

Gerisch, B. (2019). Diskussionsforum: »Gibt es Fortschritt in der Psychoanalyse?« Vier Perspektiven zum Fortschritt der Psychoanalyse. *Forum Psychoanal, 35,* 285–290.

Gerisch, B., Salfeld, B., Beerbom, C., Busch, K. & King, V. (2021). Wer schön sein will, muss schneiden: Zur Psychodynamik biographisch disponierter Instrumentalisierung von Schönheitschirurgie. In V. King, B. Gerisch & H. Rosa (Hrsg.), *Lost in Perfection: Zur Optimierung von Gesellschaft und Psyche* (S. 239–260). Berlin: Suhrkamp.

Görlich, B. & Lorenzer, A. (1994). *Der Stachel Freud. Beiträge zur Kulturismuskritik* (2. Aufl.). Lüneburg: zu Klampen.

Goldthorpe, J. (1980). *Social Mobility and Class Structure in Modern Britain.* Oxford: Clarendon Press.

Hark, S. (2009). Was ist und wozu Kritik? Über Möglichkeiten und Grenzen feministischer Kritik heute. *Feministische Studien. Zeitschrift für interdisziplinäre Frauen- und Geschlechterforschung, 27*(1), 22–35.

Haubl, R. & Schülein, J. A. (2016). *Psychoanalyse und Gesellschaftswissenschaften. Wegweiser und Meilensteine eines Dialogs.* München: Kohlhammer.

Hondrich, K.-O. (1995). Modernisierung – was bleibt? In H. Sahner & S. Schwendtner (Hrsg.), *27. Kongress der Deutschen Gesellschaft für Soziologie – Gesellschaften im Umbruch* (S. 508–516). Opladen: Leske + Budrich.

Honneth, A. (1990). Die zerrissene Welt der symbolischen Formen. Zum kultursoziologischen Werk Pierre Bourdieus. In ders. (Hrsg.), *Die zerrissene Welt des Sozialen* (S. 156–181). Frankfurt a. M.: Suhrkamp.

Horkheimer, M. & Adorno, T. W. (1947). *Dialektik der Aufklärung. Philosophische Fragmente.* Amsterdam: Querido.

Horn, E. & Weiß, H. (Hrsg.). (2021). *Wiederholung und Wiederholungszwang. Neuere psychoanalytische Ansätze.* Frankfurt a. M.: Brandes & Apsel.

Horn, K. (1990). *Subjektivität, Demokratie und Gesellschaft. Schriften zur kritischen Theorie des Subjekts 2,* hrsg. v. H.-J. Busch. Frankfurt a. M.: Nexus.

Kahnemann, D. (2021). *Noise. Was unsere Entscheidungen verzerrt – und wie wir sie verbessern können.* München: Siedler.

Kastl, J. M. (2007). Der Habitus und das Unbewusste. Freud, Bourdieu und die neuropsychologische Gedächtnisforschung. In M. Günter & P. Schraivogel (Hrsg.), *Sigmund Freud. Aktualität des Unbewussten* (S. 83–106). Tübingen: Attempto.

Kernberg, O. (1988). *Innere Welt und äußere Realität.* Stuttgart: Verlag Internationale Psychoanalyse.

King, V. (2004). Das Denkbare und das Ausgeschlossene. Potenziale und Grenzen von Bourdieus Konzeptionen der »Reflexivität« und des »Verstehens« aus der Perspektive hermeneutischer Sozialforschung. *Sozialer Sinn, 5*(1), 49–69.

King, V. (2006a). Vater-Tochter-Beziehungen. Symbolische Repräsentanz und familiale Interaktion. In M. Bereswill, K. Scheiwe & A. Wolde (Hrsg.), *Vaterschaft im Wandel. Geschlechtertheoretische Perspektiven* (S. 137–154). Weinheim: Juventa.

King, V. (2006b). Ungleiche Karrieren. Bildungsaufstieg und Adoleszenzverläufe bei jungen Männern und Frauen aus Migrantenfamilien. In V. King & H.C. Koller (Hrsg.), *Adoleszenz –Bildung – Migration. Bildungsprozesse Jugendlicher und junger Erwachsener mit Migrationshintergrund* (S. 27–46). Wiesbaden: Springer VS.

King, V. (2008). Jenseits von Herkunft und Geschlechterungleichheiten? Biographische Vermittlungen von class, gender, ethnicity in Bildungs- und Identitätsbildungsprozessen. In C. Klinger & G. A. Knapp (Hrsg.), *ÜberKreuzungen. Ungleichheit, Fremdheit, Differenz* (S. 87–111). Münster: Westfälisches Dampfboot.

King, V. (2013). Die Macht der Dringlichkeit. Kultureller Wandel von Zeitgestaltungen und psychischen Verarbeitungsmustern. *Swiss Archives of Neurology and Psychiatry, 164*(7), 223–231.

King, V. (2014). Pierre Bourdieu als Analytiker des Sozialen. Methodologische und konzeptionelle Bezüge zur Psychoanalyse sowie sozialpsychologische Perspektiven im Werk Bourdieus. *Sozialer Sinn, 15*(1), 253–278.

King, V. (2016). Zur Psychodynamik der Migration – Muster transgenerationaler Weitergabe und ihre Folgen in der Adoleszenz. *Psyche – Z Psychoanal, 70*(9), 977–1002.

King, V. (2020). Psyche and Society in Critical Theory and Contemporary Social Research. With special reference to Horkheimer/Adorno and Bourdieu. *Azimuth. International Journal of Philosophy, 16*(2), 15–33.

King, V. (2021a). Autoritarismus als Regression. *WestEnd. Neue Zeitschrift für Sozialforschung, 18*(1), 87–102.

King, V. (2021b). Wiederholung und Wiederholungszwang im Generationenverhältnis – Konstellationen der Weitergabe und der Abwehr des Neuen. In E. Horn & H. Weiß (Hrsg.), *Wiederholung und Wiederholungszwang. Neuere psychoanalytische Ansätze* (S. 170–197). Frankfurt a. M.: Brandes & Apsel.

King, V. (2022a, i. E.). Generative Verantwortung im Anthropozän – Perspektiven psychoanalytischer Aufklärung. *Psyche – Z Psychoanal, 76*(12).

King, V. (2022b). Weitergabe und Anverwandlung in Generationenbeziehungen. Adoleszente Neugestaltungen von Subjektivität im Lichte der Sozialisationstheorie Alfred Lorenzers. In M. Dörr, G. Schmid Noerr & A. Würker (Hrsg.), *Zwang und Utopie – das Potenzial des Unbewussten. Zum 100. Geburtstag von Alfred Lorenzer* (S. 94–107). Weinheim: Beltz.

King, V., Gerisch, B. & Rosa, H. (Hrsg.). (2021). *Lost in Perfection. Zur Optimierung von Gesellschaft und Psyche.* Berlin: Suhrkamp.

King, V., Gerisch, B., Rosa, H., Schreiber, J., Findeis, C., Lindner, D., Salfeld, B., Schlichting, M., Stenger, M. & Voigt, S. (2021). Optimierung mit Zahlen und digitalen Parametern: Psychische Bedeutungen des digitalen Messens und Vergleichens. In V. King, B. Gerisch & H. Rosa (Hrsg.), *Lost in Perfection. Zur Optimierung von Gesellschaft und Psyche* (S. 151–177). Berlin: Suhrkamp.

King, V., Gerisch, B., Rosa, H., Schreiber, J. & Salfeld-Nebgen, B. (2018). Überforderung als neue Normalität. Widersprüche optimierender Lebensführung. In T. Fuchs, L. Iwer & S. Micali (Hrsg.), *Das überforderte Subjekt* (S. 227–257). Berlin: Suhrkamp.

King, V., Koller, H.-C. & Zölch, J. (2013). Dealing with Discrimination and the Struggle for Social Advancement in Migrant Families. Theoretical and Methodological Aspects of a Study on Adolescent Generational Dynamics in Turkish Migrant Families Subjected to Marginalization. *International Journal of Conflict and Violence, 7*(1), 121–134.

King, V. & Schmid Noerr, G. (2020). Conceptions of the superego in sociological and socio-psychological analyses. *The International Journal of Psychoanalysis, 101*(4), 740–756.

King, V. & Subow, E. (2013). Reflexivität und Rekonstruktion. Methodologische Überlegungen sowie ein Erfahrungsbericht zu Bedingungen des Verstehens im Kontext qualitativer intersektionaler Forschung. In M. Bereswill & K. Liebsch (Hrsg.), *Geschlecht (re)konstruieren. Zur methodologischen und methodischen Produktivität der Frauen- und Geschlechterforschung* (S. 214–241). Münster: Westfälisches Dampfboot.

King, V. & Sutterlüty, F. (2021). Einleitung zum Stichwort: Destruktivität und Regression im Rechtspopulismus. *WestEnd. Neue Zeitschrift für Sozialforschung, 18*(1), 69–72.

Kirchhoff, C. & Schmieder, F. (Hrsg.). (2014). *Freud und Adorno. Zur Urgeschichte der Moderne.* Berlin: Kulturverlag Kadmos.

Koller, H.-C. (2009). Bildung als Habituswandel? Zur Bedeutung der Sozialisationstheorie Bourdieus für ein Konzept transformatorischer Bildungsprozesse. In J. Budde & K. Willems (Hrsg.), *Bildung als sozialer Prozess. Heterogenitäten, Interaktionen, Ungleichheiten* (S. 19–34). Weinheim: Juventa.

Krais, B. & Gebauer, G. (2002). *Habitus.* Bielefeld: transcript.

Küchenhoff, J. & Warsitz, R.-P. (2015). *Psychoanalyse als Erkenntnistheorie – psychoanalytische Erkenntnisverfahren.* Stuttgart: Kohlhammer.

Labede, J. & Silkenbeumer, M. (2014). Zur Bedeutung familialer Geschlechter- und Generationsbeziehung für die Konstituierung des Bildungsselbst. In W. Helsper, R.-T. Kramer & S. Thiersch (Hrsg.), *Schülerhabitus. Theoretische und empirische Analysen zum Bourdieuschen Theorem der kulturellen Passung* (S. 225–249). Wiesbaden: Springer VS.

Lapassade, G. (1963). *L'Entrée dans la vie. Essai sur l'inachèvement de l'homme.* Paris: Minuit.

Lenger, A., Schneickert, C. & Schumacher, F. (Hrsg.). (2013). *Pierre Bourdieus Konzeption des Habitus.* Wiesbaden: Springer VS.

Lessenich, S. (2016). *Neben uns die Sintflut. Die Externalisierungsgesellschaft und ihr Preis.* Berlin: Carl Hanser.

Lévi-Strauss, C. (1967). *Strukturale Anthropologie.* Frankfurt a. M.: Suhrkamp.

Lohmer, M., Möller, H. & Benecke, C. (2019). *Psychoanalyse in Organisationen. Einführung in die psychodynamische Organisationsberatung* (2. Aufl.). Stuttgart: Kohlhammer.

Loewald. H. (1980). Ego and Reality. In ders., *Papers on Psychoanalysis* (S. 3–20). New Haven: Yale University Press.

Lorenzer, A. (1974). *Die Wahrheit der psychoanalytischen Erkenntnis. Ein historisch-materialistischer Entwurf.* Frankfurt a. M.: Suhrkamp.

Lorenzer, A. (1984). *Intimität und soziales Leid. Archäologie der Psychoanalyse.* Frankfurt a. M.: S. Fischer.

Lorenzer, A. (1988). Sozialisationstheorie und die Frage nach dem Unbewussten. In J. Belgrad, B. Görlich, H. D. König & G. Schmid Noerr (Hrsg.), *Zur Idee einer psychoanalytischen Sozialforschung. Dimensionen szenischen Verstehens* (S. 7–14). Frankfurt a. M.: S. Fischer.

Luhmann, N. & Fuchs, P. (1989). Blindheit und Sicht. Vorüberlegungen zu einer Schemarevision. In dies., *Reden und Schweigen* (S. 178–208). Frankfurt a. M.: Suhrkamp.

Maître, J. & Bourdieu, P. (1994). Avant-Propos dialogué. In J. Maître, *L'Autobiographie d'un paranoïaque. L'abbé Berry (1878–1947) et le roman de Billy Introïbo* (S. V–XXII). Paris: Economica.

Mannheim, K. (1970). *Wissenssoziologie* (2. Aufl.). Neuwied, Berlin: Luchterhand.

Marx, K. (1962). Die deutsche Ideologie. In *MEW. Band 3* (S. 9–529). Berlin: Dietz.

Mentzos, S. (1988). *Interpersonale und institutionelle Abwehr.* Frankfurt a. M.: Suhrkamp.

Muel-Dreyfus, F. (2003). Une écoute sociologique de la psychanalyse. In P. Encrevé & R.-M. Lagrave (Hrsg.), *Travailler avec Bourdieu* (S. 227–235). Paris: Flammarion.

Nassehi, A. (2019). *Muster. Theorie der digitalen Gesellschaft.* München: C. H. Beck.

Nassehi, A. (2021). *Unbehagen. Theorie der überforderten Gesellschaft.* München: C. H. Beck.

Neckel, S. & Wagner, G. (Hrsg.). (2013). *Leistung und Erschöpfung. Burnout in der Wettbewerbsgesellschaft.* Berlin: Suhrkamp.

Oevermann, U. (2001). Die Struktur sozialer Deutungsmuster – Versuch einer Aktualisierung. *Sozialer Sinn, 2*(1), 35–81.

Parsons, T. (1950). Psychoanalysis and the social structure. *Psychoanalytic Quarterly, 19*, 371–384.

Parsons, T. (1966). *Societies. Evolutionary and Comparative Perspectives*. Englewood Cliffs: Prentice-Hall.

Parsons, T. (1972). *Das System moderner Gesellschaften*. München: Juventa.

Polanyi, M. (1985). *Implizites Wissen*. Frankfurt a. M.: Suhrkamp.

Przyborski, A. & Wohlrab-Sahr, M. (Hrsg.). (2008). *Qualitative Sozialforschung. Ein Arbeitsbuch*. München: Oldenbourg.

Reckwitz, A. (2019). *Das Ende der Illusionen. Politik, Ökonomie und Kultur in der Spätmoderne*. Berlin: Suhrkamp.

Reiche, R. (2011). Das Tabu der Schönheit und der Vorrang des Objekts in der Analyse von Kunstwerken. *Psyche – Z Psychoanal, 65*(4), 289–317.

Röcke, A. (2021). *Soziologie der Selbstoptimierung*. Berlin: Suhrkamp.

Rohde-Dachser, C. (2009). Fiktionen der Unsterblichkeit – Soziologische und psychoanalytische Perspektiven. In V. King & B. Gerisch (Hrsg.), *Zeitgewinn und Selbstverlust. Folgen und Grenzen der Beschleunigung*. (S. 144–166). Frankfurt a. M.: Campus.

Rosa, H. (2005). *Beschleunigung*. Frankfurt a. M.: Suhrkamp.

Rosa, H. (2018). *Unverfügbarkeit*. Wien: Residenz.

Rüsen, J. & Straub, J. (Hrsg.). (1998). *Die dunkle Spur der Vergangenheit. Psychoanalytische Zugänge zum Geschichtsbewußtsein. Erinnerung, Geschichte, Identität 2*. Frankfurt a. M.: Suhrkamp.

Schmeiser, M. (2003). *»Missratene« Söhne und Töchter*. Konstanz: UVK.

Schmid Noerr, G. (2017). Die Krankheit der Gesunden. Adorno und die Psychoanalyse. *Psyche – Z Psychoanal, 71*(11), 981–1007.

Schreiber, J. (2021). *Körperoptimierung. Selbstverbesserung zwischen Steigerungsdruck und Leibgebundenheit*. Wiesbaden: Springer VS.

Schülein, J. A. (2016). Strukturell-funktionale Theorie und Psychoanalyse. Die Pionierarbeit von Talcott Parsons. In H.-J. Niedenzu & H. Staubmann (Hrsg.), *Kritische Theorie und Gesellschaftsanalyse* (S. 177–188). Innsbruck: innsbruck university press.

Schultheis, F. (2002). Nachwort. In P. Bourdieu, *Ein soziologischer Selbstversuch* (S. 133–151). Frankfurt a. M.: Suhrkamp.

Schwingel, M. (1998). *Pierre Bourdieu zur Einführung*. Hamburg: Junius.

Sennett, R. & Cobb, J. (1977). *The Hidden Injuries of Class*. Cambridge: Cambridge University Press.

Sievers, B. (2015). *Sozioanalyse und psychosoziale Dynamik von Organisationen*. Gießen: Psychosozial-Verlag.

Silkenbeumer, M. & Wernet, A. (2012). *Die Mühen des Aufstiegs: Von der Realschule zum Gymnasium. Fallrekonstruktionen zur Formierung des Bildungsselbst. Pädagogische Fallanthologie. Band 9.* Opladen: Barbara Budrich.

Silva, E. B. (2016a). Habitus: beyond Sociology. *Sociological Review, 64*(1), 73–92.

Silva, E. B. (2016b). Unity and Fragmentation of the Habitus. *Sociological Review, 64*(1), 166–183.

Staab, P. 2019). *Digitaler Kapitalismus. Markt und Herrschaft in der Ökonomie der Unknappheit*. Berlin: Suhrkamp.

Steinmetz, G. (2006). Bourdieu's Disavowal of Lacan: Psychoanalytic Theory and the Concepts of »Habitus« and »Symbolic Capital«. *Constellations 13*(4), 445–464.

Straub, J. (2019). *Das optimierte Selbst. Kompetenzimperative und Steigerungstechnologien in der Optimierungsgesellschaft*. Gießen: Psychosozial-Verlag.

Straub, J. (2021). Selbstoptimierung als Rationalisierung der Lebensführung. Gustav Großmanns Exzess als Paradigma. In V. King, B. Gerisch & H. Rosa (Hrsg.), *Lost in Perfection. Zur Optimierung von Gesellschaft und Psyche* (S. 270–330). Berlin: Suhrkamp.

Streeck, U. (1981). Zwischen Drinnen und Draussen. Zur doppelten Orientierung sozialer Aufsteiger. *Zeitschrift für Psychosomatische Medizin und Psychoanalyse, 27*(1), 25–44.

Sutterlüty, F. (2020). Reconstructive Critique. A Demonstration Encompassing Two Areas of Research. *Azimuth. International Journal of Philosophy, 8*(16), 35–55.

Sutterlüty, F. (2021). Destruktivität des Rechtspopulismus. *WestEnd. Neue Zeitschrift für Sozialforschung, 18*(1), 73–86.

Tietel, E. (2003). *Emotion und Anerkennung in Organisationen*. Münster: LIT.

Tressat, M., Böker, K., King, V. & Koller, H.-C. (2015). Vater-Sohn-Dynamiken im Kontext von Migration: Adoleszente Entwicklung und Bildungsverläufe am Beispiel von Söhnen aus italienischen Migrantenfamilien. In K. Bueschges (Hrsg.), *Bildung – Selbst(bild) – Geschlechterbilder* (S. 249–277). Münster: LIT.

Villa, P.-I. (2006). *Sexy Bodies. Eine soziologische Reise durch den Geschlechtskörper*. Wiesbaden: Springer VS.

Wacquant, L. (1996). Auf dem Weg zu einer Sozialpraxeologie. Struktur und Logik der Soziologie Pierre Bourdieus. In P. Bourdieu & L. Wacquant (Hrsg.), *Reflexive Anthropologie* (S. 17–93). Frankfurt a. M.: Suhrkamp.

Wacquant, L. (2016). A Concise Genealogy and Anatomy of Habitus. *Sociological Review, 64*(1), 64–72.

Weber, M. (1980 [1920]). *Wirtschaft und Gesellschaft. Grundriss der verstehenden Soziologie. Studienausgabe* (5., rev. Aufl.). Tübingen: J. C. B. Mohr.

Weber, M. (2010 [1905]). *Die protestantische Ethik und der Geist des Kapitalismus. Vollständige Ausgabe*. München: C.H. Beck.

Weiß, H. & Frank, C. (Hrsg.). (2022). *Roger Money-Kyrle: Die Psychologie von Krieg und Propaganda. Ausgewählte Schriften. Band I*. Frankfurt a.M.: Brandes & Apsel.

Wernet, A. (2006). *Hermeneutik – Kasuistik – Fallverstehen*. Stuttgart: Kohlhammer.

Witz, A. (2004). Anamnesis and amnesia in Bourdieu's work: The case for a feminist anamnesis. *Sociological Review, 52*(2), 211–223.

Zander, M. (2010). Im Schutze der Unbewusstheit. Ansätze zu einer psychologischen Fundierung des Habitusbegriffs im Werk Pierre Bourdieus. *Journal für Psychologie 18*(1), 1–17.

Zepf, S. & Seel, D. (2020). *Psychoanalyse und das gesellschaftlich Unbewusste. Eine Entmystifizierung psychoanalytischer Konzepte*. Gießen: Psychosozial-Verlag.

Ziege, E.-M. (Hrsg.). (2019). Nachwort. In T.W. Adorno, *Bemerkungen zu The Authoritarian Personality und weitere Texte* (S. 133–160). Berlin: Suhrkamp.

Zuboff, S. (2018). *Das Zeitalter des Überwachungskapitalismus*. Frankfurt a.M.: Campus.